数字化时代民营经济促进共同富裕的实践研究

计丹丹　著

中国原子能出版社

图书在版编目（CIP）数据

数字化时代民营经济促进共同富裕的实践研究 / 计
丹丹著. -- 北京：中国原子能出版社，2024. 8.
ISBN 978-7-5221-3510-6

Ⅰ. F121.23；F124.7

中国国家版本馆 CIP 数据核字第 2024RK1936 号

数字化时代民营经济促进共同富裕的实践研究

出版发行	中国原子能出版社（北京市海淀区阜成路 43 号　100048）	
责任编辑	张　磊	
责任印制	赵　明	
印　　刷	北京厚诚则铭印刷科技有限公司	
经　　销	全国新华书店	
开　　本	787 mm×1092 mm　1/16	
印　　张	15.5	
字　　数	240 千字	
版　　次	2024 年 8 月第 1 版　2024 年 8 月第 1 次印刷	
书　　号	ISBN 978-7-5221-3510-6　　　　定　价　**78.00 元**	

前　言

随着数字化时代的来临，民营经济在推动共同富裕的过程中扮演着愈发重要的角色。数字经济以"数字化知识与信息"为核心生产要素，依托现代信息网络，以互联网信息技术为动力，正在深刻地改变着传统的生产、生活与消费模式。而民营经济，作为市场经济的重要组成部分，具有灵活性、创新性和适应市场变化的能力，成为推动数字经济发展的重要力量。因此，研究数字化时代民营经济如何促进共同富裕，对于实现经济社会的持续健康发展具有重要的现实意义。

当前，我国正处于经济社会转型的关键时期，面临着中等收入群体需进一步扩大、公共服务优质资源结构性短缺、城乡区域发展和收入分配差距较大等问题。这些问题不仅制约了共同富裕的实现，也影响了社会的和谐稳定。而数字化时代的到来，为解决这些问题提供了新的机遇和可能。数字经济以其高效、便捷、普惠的特性，能够打破地域限制，优化资源配置，提高生产效率，从而推动经济的快速增长和社会的全面进步。

民营经济作为市场经济的主体，具有敏锐的市场洞察力和强大的创新能力。在数字化时代，民营经济通过运用互联网、大数据、人工智能等先进技术，不断提升自身的核心竞争力，实现了快速发展。同时，民营经济还积极参与社会公益事业，通过捐资助学、扶贫济困等方式，回馈社会，推动共同富裕的实现。

通过深入研究和分析，笔者将研究结果和结论汇聚成本书，希望能够为推动民营经济健康发展、实现共同富裕目标提供有益的启示和建议。

目　录

第一章　数字化时代的背景

第一节　数字经济的定义与特征

一、数字经济的概念界定与核心要素

数字经济，作为一个涵盖广泛且日益重要的经济形态，正逐渐成为全球经济发展的重要引擎。在信息化、网络化和智能化的时代背景下，数字经济的概念界定与核心要素显得尤为重要。

（一）数字经济的概念界定

数字经济，顾名思义，是以数字知识和信息为关键生产要素，以数字技术为核心驱动力，以现代信息网络为重要载体的经济形态。它通过数字技术与实体经济的深度融合，不断提高数字化、网络化、智能化水平，加快重构经济发展和新型经济形态治理模式。

数字经济是一个内涵宽泛的概念，它涵盖了多个领域和层面。从产业角度看，数字经济包括数字产业化和产业数字化两部分。数字产业化是指信息和通信业的发展，包括电子信息制造业、电信业、软件和信息技术服务业、互联网业等。产业数字化则是指数字技术在传统产业中的应用，通过数字化

转型提升传统产业的效率和竞争力，形成新产业、新模式、新业态。

此外，数字经济还包括数字治理和有价值的数据。数字治理涉及多元治理，以"数字技术+治理"为典型特征的技术与管理相结合，以及数字公共服务。有价值的数据则包括数据的收集、处理、分析和应用等方面，它是数字经济发展的重要支撑。

（二）数字经济的核心要素

数字经济的核心要素主要包括数据、连接、算法、算力和平台。这些要素共同构成了数字经济发展的基础，推动了数字经济的持续发展和创新。

数据：数据是数字经济的核心资源，是推动数字经济发展的重要驱动力。数据的收集、存储、分析和应用是数字经济的基础工作。通过对数据的挖掘和分析，企业可以洞察市场趋势，优化产品设计，提升服务水平，实现精准营销。

连接：连接是数字经济的基础设施，包括宽带网络、数据中心、智能终端等。这些基础设施的建设和完善，为数据的流通和共享提供了有力保障。通过高速的数据传输和广泛的连接，数字经济得以实现资源的优化配置和高效利用。

算法：算法是处理和分析数据的关键工具，是数字经济实现智能化和自动化的重要手段。通过算法的应用，可以实现对数据的快速处理和分析，提取有价值的信息，为决策提供科学依据。

算力：算力是支撑数字经济发展的重要能力，它决定了数据处理的速度和效率。随着云计算、边缘计算等技术的发展，算力得到了极大的提升，为数字经济的快速发展提供了有力支撑。

平台：平台是数字经济发展的重要载体，它汇聚了数据、连接、算法和算力等核心要素，为数字经济的发展提供了广阔的空间。通过平台的搭建和运营，可以实现资源的共享和价值的创造，推动数字经济的持续发展。

（三）数字经济的影响与挑战

数字经济的发展对全球经济产生了深远的影响。它推动了产业的转型升级，提升了生产效率和服务质量，创造了新的就业机会和经济增长点。同时，数字经济也带来了一系列挑战，如数据安全和隐私保护问题、数字鸿沟问题，以及技术和监管的适应性问题等。

面对这些挑战，我们需要加强政策引导和支持，推动数字经济的健康发展。一方面，要加强数据安全和隐私保护，建立健全相关法律法规和标准体系。另一方面，要推动数字技术的普及和应用，缩小数字鸿沟，让更多人受益于数字经济的发展。

二、数字经济的主要特征与表现

数字经济，作为当今全球经济的重要驱动力，正以其独有的特征与表现引领着经济形态、产业结构和社会生活的深刻变革。

（一）创新驱动：技术与模式创新并驾齐驱

数字经济以创新驱动为核心特征，主要体现在技术创新和模式创新两个方面。技术创新方面，数字经济依托大数据、云计算、人工智能、物联网等新一代信息技术，实现了对传统产业的改造和升级，推动了生产方式的智能化和自动化。模式创新方面，数字经济催生了共享经济、平台经济、跨界融合等新型经济模式，打破了传统产业的边界，促进了资源的优化配置和高效利用。

（二）数据驱动：数据成为关键生产要素

在数字经济中，数据已经超越传统信息范畴，成为推动经济发展的重要生产要素。数据不仅具有信息价值，还具有资产价值，能够通过对数据的收集、存储、分析和应用，挖掘出其中的商业价值和社会价值。同时，数据的流通和共享也成为数字经济的重要特征，推动了数据资源的开放和共享，促进了数字经济的发展和创新。

（三）融合渗透：数字技术与传统产业深度融合

数字经济并非孤立存在，而是与传统产业深度融合、相互渗透。数字技术的应用已经渗透到农业、工业、服务业等各个领域，推动了传统产业的数字化、网络化和智能化升级。同时，数字经济也在不断催生新产业、新业态和新模式，为经济增长注入新的动力。

（四）跨界融合：产业边界逐渐模糊

在数字经济的推动下，不同产业之间的界限逐渐模糊，跨界融合成为新的发展趋势。传统产业与数字技术的融合，催生了如智能制造、智慧农业、数字文化等新型产业形态。同时，数字经济也促进了服务业的创新发展，如在线教育、远程医疗、电子商务等，为经济增长和就业创造了更多机会。

（五）高效便捷：提升效率与服务水平

数字经济的另一个显著特征是高效便捷。通过应用数字技术，企业能够实现生产过程的自动化和智能化，提高生产效率和质量。同时，数字经济也推动了服务模式的创新，如在线教育、远程医疗等，使得服务更加便捷和高效。这种高效便捷的特性不仅提升了消费者的满意度和体验，也为企业带来了更多的商业机会和竞争优势。

（六）全球化：打破地域限制，实现全球资源优化配置

数字经济具有天然的全球化特征，它打破了地域限制，使得资源、信息和技术能够在全球范围内自由流动和优化配置。通过数字平台和网络，企业可以更加便捷地开展跨境贸易、国际合作和资源共享，推动全球经济的深度融合和发展。

（七）开放共享：推动经济社会的开放与共享

数字经济的开放性和共享性也是其重要特征之一。数字经济通过互联网、大数据等技术手段，实现了信息的开放共享和资源的优化配置。这种开放共享的特性不仅促进了经济社会的创新发展，也推动了社会治理的现代化和民主化。

（八）风险挑战并存：需加强监管与风险防范

尽管数字经济带来了诸多机遇和优势，但同时也伴随着一系列风险和挑战。数据安全、隐私保护、技术安全等问题日益凸显，需要政府、企业和社会共同加强监管和风险防范。此外，数字鸿沟、技术失业等社会问题也需要引起高度关注，采取有效措施加以应对。

三、数字经济在全球范围内的发展趋势

随着信息技术的迅猛发展和全球互联网的普及，数字经济已成为推动全球经济增长的重要引擎。在云计算、大数据、人工智能、物联网等新一代信息技术的驱动下，数字经济在全球范围内呈现出蓬勃发展的态势。

（一）规模持续扩大，成为全球经济增长的重要支撑

近年来，数字经济在全球范围内呈现出快速增长的态势。根据国际数据公司（IDC）的预测，到 2025 年，全球数字经济规模将达到 23.3 万亿美元，占全球 GDP 的比重将超过 45%。这一趋势表明，数字经济正逐渐成为全球经济增长的重要支撑，对各国经济发展产生深远影响。

（二）技术创新加速，驱动数字经济不断升级

技术创新是数字经济发展的核心驱动力。随着云计算、大数据、人工智能、物联网等新一代信息技术的不断突破和应用，数字经济的技术基础日益

坚实，应用场景不断拓展。未来，这些技术将进一步融合创新，推动数字经济向更高层次、更广领域发展。

（三）产业融合深化，跨界创新成为新趋势

数字经济具有天然的跨界融合特性，能够打破传统产业边界，促进产业间的相互渗透和协同发展。在全球范围内，越来越多的企业开始通过数字化转型和跨界合作，实现产业融合和创新发展。例如，制造业与服务业的融合、农业与信息技术的融合等，都将成为数字经济发展的重要方向。

（四）平台经济崛起，重塑全球产业生态

平台经济是数字经济的重要组成部分，通过搭建数字平台，实现资源的优化配置和高效利用。在全球范围内，平台经济正逐渐崛起，成为重塑全球产业生态的重要力量。未来，平台经济将继续发展壮大，推动全球产业链、供应链和价值链的深度整合和优化。

（五）数据成为关键生产要素，驱动价值创造

在数字经济时代，数据已成为推动经济发展的关键生产要素。随着数据资源的不断积累和应用场景的不断拓展，数据驱动的价值创造将成为数字经济发展的重要特征。未来，数据将在数字经济中发挥更加重要的作用，推动各行业实现数字化转型和智能化升级。

（六）国际合作加强，推动数字经济全球化发展

数字经济具有天然的全球化特征，需要加强国际合作以推动其健康发展。在全球范围内，越来越多的国家开始认识到数字经济发展的重要性，加强在数字经济领域的合作与交流。通过共建数字丝绸之路、推动数字经济合作伙伴关系等方式，加强国际合作，推动数字经济全球化发展。

（七）监管体系完善，保障数字经济健康发展

随着数字经济的快速发展，监管问题也日益凸显。为了保障数字经济的健康发展，各国政府正在加强监管体系的建设和完善。通过制定相关法律法规、加强数据安全保护、推动公平竞争等方式，为数字经济的健康发展提供有力保障。

（八）可持续发展理念融入，推动数字经济绿色发展

在全球可持续发展的大背景下，数字经济也需要将可持续发展理念融入其中。通过推动绿色数据中心建设、促进数据资源循环利用、发展绿色低碳的数字技术等方式，实现数字经济的绿色发展。这不仅有助于降低数字经济的环境影响，还有助于提升数字经济的可持续发展水平。

四、数字经济对全球经济格局的影响

随着信息技术的迅猛发展，数字经济已经成为全球经济的重要组成部分，对全球经济格局产生了深远的影响。数字经济的崛起不仅改变了传统产业的运作方式，还催生了新的产业形态和商业模式，为全球经济增长注入了新的动力。

（一）重塑产业结构，推动产业升级

数字经济通过技术创新和产业融合，深刻改变了传统产业的组织形态和运作方式。一方面，数字技术推动传统产业的数字化转型，提高了生产效率和质量，降低了成本，为产业升级提供了有力支撑。另一方面，数字经济催生了新的产业形态和商业模式，如电子商务、云计算、大数据、人工智能等，为经济增长注入了新的活力。

数字经济的崛起使得一些新兴产业成为经济增长的重要引擎。例如，信息技术、互联网、电子商务等行业在全球范围内的快速发展，不仅推动了相

关产业的快速增长，还带动了传统产业的转型升级。这种产业结构的变化使得全球经济格局更加多元化和复杂化。

（二）促进贸易便利化，推动全球化进程

数字经济通过数字化和网络化的手段，打破了传统贸易的时空限制，促进了贸易的便利化和全球化。电子商务平台的发展使得跨境贸易变得更加便捷高效，推动了全球贸易规模的扩大。同时，数字经济的发展也促进了全球供应链的优化和整合，提高了全球资源配置的效率。

此外，数字经济还推动了全球化进程的加速。数字技术的普及和应用使得信息、资本、技术等生产要素在全球范围内自由流动和配置，加强了各国经济的相互联系和依存。数字经济不仅促进了国际贸易的增长，还推动了国际投资、技术创新和文化交流等领域的全球化发展。

（三）加剧国际竞争，重塑国家竞争力

数字经济的崛起加剧了国际竞争，各国纷纷加大在数字经济领域的投入和布局，以抢占全球数字经济的制高点。发达国家凭借其先进的技术和资金优势，在数字经济领域具有较强的竞争力，而发展中国家则通过引进技术和创新模式，积极追赶和赶超。

数字经济的竞争不仅体现在技术创新和产业发展上，还涉及数据资源、数字基础设施、数字治理等多个方面。拥有丰富数据资源和先进数字基础设施的国家在数字经济领域具有更大的优势。同时，数字治理的完善与否也直接影响到数字经济的健康发展。因此，各国需要加强在数字经济领域的合作与交流，共同推动全球数字经济的健康发展。

（四）加剧数字鸿沟，影响国际经济平衡

尽管数字经济为全球经济增长带来了新机遇，但也加剧了数字鸿沟，对国际经济平衡产生了一定影响。数字鸿沟主要体现在不同国家和地区在数字

技术、数字经济发展水平、数字基础设施建设等方面的差距。发达国家在数字技术、人才和资金等方面具有较大优势，而发展中国家则面临较大的挑战。

数字鸿沟的存在导致一些发展中国家在数字经济领域难以获得平等的发展机会，加剧了全球经济发展的不平衡性。同时，数字鸿沟也可能引发一些社会和政治问题，如就业问题、收入差距扩大等，对国际经济稳定产生不利影响。

为了应对数字鸿沟的挑战，各国需要加强在数字技术、数字基础设施、数字教育等领域的合作与交流，推动全球数字经济的包容性发展。同时，国际社会也需要加强数字治理的合作，共同制定和完善数字经济的国际规则和标准，推动全球数字经济的健康发展。

（五）促进创新，提升全球经济活力

数字经济作为创新驱动的经济形态，对全球经济产生了积极的推动作用。数字经济为创新提供了广阔的空间和平台，推动了技术创新、商业模式创新和管理创新等多个方面的发展。

技术创新是数字经济发展的核心驱动力。在数字经济领域，云计算、大数据、人工智能、物联网等新一代信息技术的不断创新和应用，为全球经济提供了新的增长动力。同时，数字经济也推动了传统产业的技术创新和转型升级，提高了全球经济的整体竞争力。

商业模式创新是数字经济发展的重要体现。数字经济催生了共享经济、平台经济、跨界融合等新型商业模式，为经济增长提供了新的路径和方式。这些新型商业模式不仅提高了资源配置的效率，还促进了产业链的协同发展和价值共创。

管理创新也是数字经济对全球经济的重要贡献。数字经济通过数字化和网络化的手段，提高了企业管理的效率和精准度，推动了企业管理模式的创新和变革。这种管理创新有助于提升企业的竞争力和创新能力，进而推动全球经济的持续发展。

第二节　数字化对经济结构的影响

一、数字化对传统产业的改造与升级

随着信息技术的迅猛发展和全球互联网的普及，数字化已成为推动传统产业改造与升级的重要引擎。通过将数字技术应用于传统产业的生产、管理、营销等各个环节，不仅可以提高生产效率、降低成本，还能推动产业的创新发展和转型升级。

（一）生产环节的数字化改造

生产环节是传统产业的核心部分，数字化技术的应用可以显著提升生产效率和产品质量。首先，通过引入智能制造、工业互联网等先进技术，实现生产设备的智能化和自动化，减少人工干预，提高生产精度和效率。其次，利用大数据和云计算等技术对生产过程进行实时监控和分析，及时发现和解决生产中的问题，优化生产流程，提高生产效率。此外，数字化技术还可以实现生产资源的优化配置和高效利用，降低生产成本，提高企业的盈利能力。

（二）管理环节的数字化升级

管理环节对于企业的运营和决策至关重要。数字化技术的应用可以提升管理效率，优化资源配置，推动企业管理的现代化和智能化。首先，通过构建数字化管理平台，实现对企业各项业务的集中管理和协同办公，提高管理效率。其次，利用大数据和人工智能技术，对企业运营数据进行深度挖掘和分析，为决策提供科学依据，提升决策质量和效率。此外，数字化技术还可以加强企业与客户、供应商等合作伙伴的沟通与协作，促进产业链的协同发展。

（三）营销环节的数字化创新

营销环节是企业与市场和消费者之间的桥梁。数字化技术的应用可以创新营销方式，提升品牌形象和市场竞争力。首先，通过电子商务平台、社交媒体等渠道，实现线上线下的融合营销，拓宽销售渠道，提高市场份额。其次，利用大数据和人工智能技术，对消费者行为进行深入分析，实现精准营销和个性化服务，提升消费者满意度和忠诚度。此外，数字化技术还可以创新营销内容和形式，如利用虚拟现实、增强现实等技术打造沉浸式购物体验，提升品牌形象和吸引力。

（四）产业链协同的数字化整合

传统产业的产业链往往存在信息不对称、协作不顺畅等问题，数字化技术的应用可以实现产业链的协同整合，提升整体竞争力。首先，通过构建数字化平台，实现产业链上下游企业之间的信息共享和协同作业，提高协作效率和响应速度。其次，利用大数据和人工智能技术，对产业链数据进行分析和预测，为产业链的优化和升级提供科学依据。此外，数字化技术还可以推动跨界融合和创新发展，拓展产业链的价值空间。

（五）人才培养与数字化技能的提升

数字化对传统产业的改造与升级离不开人才的支持。因此，加强数字化技能培训和人才培养至关重要。首先，企业需要加强对员工的数字化技能培训，提高员工的数字化素养和应用能力。其次，高校和培训机构应开设相关课程，培养具备数字化技能的专业人才。此外，政府和社会各界也应加大对数字化人才培养的投入和支持，为传统产业的数字化改造与升级提供有力的人才保障。

（六）面临的挑战与对策

尽管数字化对传统产业的改造与升级带来了诸多机遇，但也面临着一些挑战。首先，数字化技术的应用需要大量的资金投入和技术支持，对于一些资金和技术实力较弱的企业来说，难以承担。其次，数字化技术的应用可能带来信息安全和隐私保护等问题，需要加强相关法规的制定和执行。针对这些挑战，企业应加强自身技术创新和资金积累能力。同时，加强信息安全和隐私保护措施的落实。政府和社会各界也应加大对传统产业数字化改造与升级的支持力度，推动相关政策的制定和实施。

二、数字化对新兴产业的催生与推动

随着信息技术的快速发展，数字化已经深入到各个行业，对全球经济格局产生了深远影响。它不仅推动了传统产业的转型升级，还催生了众多新兴产业，为经济增长注入了新的动力。

（一）催生新兴产业的产生

数字化技术的发展，催生了大量新兴产业的诞生。这些新兴产业主要围绕大数据、云计算、物联网、人工智能等领域展开，它们通过应用数字技术，解决了传统行业中存在的一些问题，提供了新的商业机会和发展空间。

例如，大数据技术的兴起，催生了数据分析和数据挖掘行业的快速发展。企业可以利用大数据技术分析消费者的行为和偏好，实现精准营销，提高市场竞争力。同时，数据分析也为政府决策提供了有力支持，提高了政策制定的科学性和有效性。

云计算技术的发展则推动了云计算服务行业的兴起。云计算为企业提供了弹性、灵活的计算和存储资源，降低了企业的 IT 成本，提高了运营效率。同时，云计算也为个人用户提供了便捷的在线服务，如在线办公、在线教育等，丰富了人们的生活方式。

物联网技术的广泛应用则催生了物联网设备制造业的繁荣。智能家居、智能交通、智能农业等领域的发展都离不开物联网技术的支持。物联网设备的普及，使得人们的生活更加便利和智能化。

人工智能技术的快速发展则推动了人工智能产业的崛起。人工智能在医疗、金融、教育等领域的应用日益广泛，不仅提高了生产效率和服务质量，还为人们的生活带来了更多的便利。

（二）推动新兴产业的发展

数字化技术不仅催生了新兴产业的产生，还推动了这些产业的快速发展。数字技术为新兴产业提供了强大的技术支撑和创新动力，使得这些产业能够在短时间内实现快速增长。

首先，数字化技术降低了新兴产业的进入门槛。通过云计算、开源软件等技术的应用，企业可以更加便捷地获取所需的技术和资源，降低了创业成本和风险。这为创业者提供了更多的机会和选择，推动了新兴产业的快速涌现。

其次，数字化技术加速了新兴产业的创新速度。数字技术具有高度的灵活性和可扩展性，使得企业能够更加快速地响应市场变化和客户需求。同时，数字技术也为企业提供了更多的创新手段和方法，如众包、开源等，促进了创新资源的共享和协作。

最后，数字化技术还推动了新兴产业的跨界融合。数字技术具有通用性和渗透性强的特点，可以渗透到各个行业和领域，实现跨界的创新和整合。这为新兴产业的发展提供了更广阔的空间和机会，也促进了传统产业的转型升级。

（三）新兴产业发展的挑战与对策

尽管数字化技术为新兴产业的发展带来了巨大的机遇，但也面临着一些挑战。首先，新兴产业的发展需要大量的资金投入和技术支持，对于一些初创企业来说，资金和技术方面的压力较大。其次，新兴产业的发展也面临着市场接受度和竞争压力等问题，需要不断创新和完善产品和服务。

为了应对这些挑战，政府和企业需要采取一系列措施。政府可以加大对新兴产业的扶持力度，提供政策支持和资金扶持，降低创业成本和风险。同时，政府还可以加强产业规划和布局，促进产业链的协同发展和资源整合。

企业需要加强自身的技术创新和产品研发能力，不断提高产品质量和服务水平。同时，企业还需要加强市场营销和品牌建设，提高市场知名度和竞争力。此外，企业还可以积极寻求与其他企业的合作和共赢，实现资源的共享和优势的互补。

（四）新兴产业发展带来的社会影响

新兴产业的发展不仅推动了经济的增长，还对社会产生了深远的影响。首先，新兴产业的发展为社会创造了大量的就业机会，缓解了就业压力，提高了人民的生活水平。其次，新兴产业的发展也推动了社会的进步和变革，提高了社会的科技水平和创新能力。此外，新兴产业的发展还促进了文化的交流和传播，丰富了人们的精神生活。

然而，新兴产业的发展也带来了一些社会问题。例如，随着人工智能等技术的广泛应用，一些传统职业可能会面临失业的风险。同时，新兴产业的发展也可能加剧社会的不平等和分化。因此，我们需要在推动新兴产业发展的同时，注重社会的公平和可持续发展。

三、数字化对就业结构的影响与变化

随着信息技术的迅猛发展，数字化已经成为推动现代社会进步的重要力量。它不仅改变了人们的生产生活方式，也对就业结构产生了深远的影响。

（一）数字化对就业结构的直接影响

数字化技术的广泛应用对就业结构产生了直接的冲击和影响。首先，传统制造业和服务业中的大量岗位被自动化技术所替代，导致这些行业的就业需求减少。例如，生产线上的工人、银行柜员等职位逐渐被机器人和智能系统所取代。其次，数字化催生了大量新兴行业和职业，如大数据分析师、云计算工程师、人工智能专家等。这些新兴职业对技能和知识的要求较高，为就业市场带来了新的机遇。

（二）数字化对就业结构的间接影响

除了直接影响外，数字化还通过改变企业的商业模式和运营方式，间接影响了就业结构。一方面，数字化推动了企业的数字化转型和升级，使得企业更加注重技术创新和人才培养。这导致了对高技术人才的需求增加，对低技能工人的需求减少。另一方面，数字化也促进了跨界融合和创新发展，使得传统产业与新兴产业之间的界限变得模糊。这种跨界融合为就业市场带来了更多的选择和机会，但同时也要求劳动者具备更加多元化的技能和知识。

（三）数字化对就业质量的影响

数字化不仅改变了就业的数量和结构，还对就业质量产生了重要影响。一方面，数字化提高了工作的灵活性和自主性。远程办公、在线协作等数字化工作方式使得劳动者可以更加自由地选择工作时间和地点，提高了工作的灵活性。同时，数字化也使得劳动者可以更加自主地管理自己的职业发展和学习提升，增强了工作的自主性。另一方面，数字化也带来了一定的工作不稳定性和压力。新兴行业的发展速度较快，竞争激烈，对劳动者的技能和知识要求较高，这使得劳动者需要不断学习和更新自己的知识体系以适应市场需求。此外，数字化也带来了一定程度的职业分化，高薪职业和低收入职业之间的差距可能会进一步拉大。

（四）数字化背景下就业结构的变化趋势

随着数字化的深入发展，就业结构将呈现出以下几个变化趋势：

高技术职业需求增加：随着人工智能、大数据等技术的广泛应用，对高技术人才的需求将持续增加。这些职业往往要求劳动者具备较高的专业素养和技能水平，因此，提高劳动者的技能水平和教育水平将成为未来就业市场的重要趋势。

灵活就业成为常态：数字化使得远程办公、在线协作等灵活工作方式成为可能，这也将使得灵活就业成为未来就业市场的重要特征。劳动者可以更加自由地选择工作时间和地点，企业也可以更加灵活地调整人力资源配置，以适应市场变化。

跨界融合催生新职业：数字化推动了不同行业之间的跨界融合和创新发展，这也将催生出一系列新兴职业。这些新兴职业往往要求劳动者具备跨领域的知识和技能，因此，培养具备多元化技能的劳动者将成为未来教育和职业培训的重要任务。

（五）应对数字化对就业结构影响的策略

面对数字化对就业结构的影响，政府、企业和劳动者都需要采取相应的策略来应对。政府应加强对新兴产业的扶持和引导，促进传统产业与新兴产业的融合发展；同时，加强职业教育和技能培训，提高劳动者的技能水平和就业竞争力。企业应积极推动数字化转型和升级，提高生产效率和管理水平；同时，关注员工的职业发展和学习需求，为员工提供更多的培训和发展机会。劳动者应不断提高自己的技能水平和知识素养，适应市场需求的变化；同时，保持积极的心态和灵活的思维方式，抓住数字化带来的就业机遇。

四、数字化对区域经济协调发展的促进作用

随着信息技术的迅猛发展和广泛应用，数字化已经成为推动社会进步和经济发展的重要力量。在区域经济协调发展的背景下，数字化技术以其独特的优势，为各地区经济的协同发展提供了新的动力和机遇。

（一）优化资源配置，促进要素流动

数字化技术通过提高信息传输和处理的效率，优化了资源配置，促进了要素在区域内的流动和集聚。一方面，数字化技术使得信息获取更加便捷和准确，企业和政府可以更加全面地了解市场需求和资源分布状况，从而做出

更加合理的决策。这有助于减少资源浪费和重复建设,提高资源利用效率。另一方面,数字化技术推动了电子商务、在线教育、远程医疗等领域的发展,打破了地域限制,使得人才、资金、技术等要素可以在更大范围内流动和配置。这有助于缩小区域间的发展差距,促进区域经济的协调发展。

(二)促进产业升级,提升竞争力

数字化技术的应用推动了传统产业的转型升级和新兴产业的快速发展,进一步提升了区域经济的竞争力。一方面,数字化技术为传统产业提供了智能化、自动化的解决方案,提高了生产效率和产品质量,降低了成本。这有助于传统产业焕发新的活力,提升其在市场中的竞争力。另一方面,数字化技术催生了大数据、云计算、人工智能等新兴产业的快速发展,为区域经济提供了新的增长点。这些新兴产业具有高附加值、高技术含量的特点,有助于提升区域经济的整体水平和层次。

(三)推动创新驱动,增强发展动力

数字化技术以其独特的创新性和开放性,为区域经济协调发展提供了强大的动力。一方面,数字化技术推动了创新资源的共享和协作,使得企业、高校、科研机构等创新主体可以更加紧密地合作,共同推动技术创新和成果转化。这有助于形成创新合力,提升区域经济的创新能力。另一方面,数字化技术降低了创新创业的门槛和成本,使得更多的人可以参与到创新创业中来。这有助于激发社会的创新活力,推动区域经济向更高层次发展。

(四)加强区域合作,实现共同发展

数字化技术有助于加强区域间的合作与交流,推动区域经济的一体化发展。一方面,数字化技术使得信息传播更加迅速和广泛,加强了地区间的信息沟通和交流。这有助于消除信息不对称和误解,增进地区间的相互了解和信任。另一方面,数字化技术推动了区域间产业链的协同和整合,使得各地

区可以充分发挥自身的优势，实现资源的共享和互补。这有助于形成区域经济的合力，提升整个区域的竞争力。

（五）提升公共服务水平，促进社会公平

数字化技术在提升公共服务水平、促进社会公平方面也发挥了重要作用。通过数字化技术，政府可以更加高效地提供教育、医疗、社保等公共服务，实现资源的优化配置和公平分配。同时，数字化技术也有助于打破城乡、区域之间的服务壁垒，让更多的人享受到优质的公共服务。这不仅有助于提高人民的生活水平，也有助于缩小社会差距，促进社会公平与和谐。

（六）数字化促进区域经济协调发展的策略与建议

为了充分发挥数字化对区域经济协调发展的促进作用，需要采取一系列的策略和措施。首先，加强数字化基础设施建设，提高网络覆盖率和数据传输速度，为数字化技术的应用提供坚实的基础。其次，推动数字化技术与传统产业的深度融合，促进产业升级和转型。同时，加大对新兴产业的培育和支持力度，形成新的经济增长点。此外，加强区域间的合作与交流，推动数字化技术在更大范围内的应用和推广。最后，注重人才培养和引进，提高劳动者的数字素养和技能水平，为区域经济的协调发展提供有力的人才保障。

第三节　信息技术在民营经济中的应用

一、信息技术在民营企业生产与管理中的应用

随着信息技术的快速发展和普及，越来越多的民营企业开始将其应用于生产与管理中，以提高生产效率、优化资源配置、降低成本，进而提升企业竞争力。

（一）信息技术在民营企业生产中的应用

信息技术在民营企业生产中的首要应用是自动化生产线的引入。通过采用自动化设备和系统，民营企业能够实现生产过程的自动化和智能化，降低对人工的依赖，提高生产效率和质量。自动化生产线可以实时监控生产进度、设备状态和产品质量，及时发现并解决问题，确保生产过程的稳定性和可靠性。

物联网技术通过连接各种设备和系统，实现数据的实时采集、传输和处理。在民营企业生产中，物联网技术可以应用于设备监控、生产环境监控、物料追踪等方面。通过物联网技术，企业可以实时掌握生产设备的运行状态、能源消耗情况，以及生产环境的温度、湿度等参数，从而优化生产流程，降低能耗和成本。

民营企业可以利用大数据技术对生产过程中产生的数据进行收集、分析和挖掘，以指导生产决策。通过对生产数据的分析，企业可以了解生产过程中的瓶颈和问题，制定针对性的改进措施。同时，大数据分析还可以帮助企业预测市场需求、优化生产计划，实现精益生产。

（二）信息技术在民营企业管理中的应用

民营企业可以通过建设信息化管理系统，实现对企业资源的全面整合和优化配置。信息化管理系统包括企业资源计划（ERP）、客户关系管理（CRM）、供应链管理（SCM）等多个模块，可以涵盖企业的采购、销售、库存、财务等各个环节。通过信息化管理系统，企业可以实时监控业务流程、掌握经营数据，提高管理效率和决策水平。

云计算技术为民营企业提供了灵活、高效的信息存储和处理方式。企业可以将数据存储在云端，实现数据的备份和共享。同时，云计算技术还可以为企业提供弹性计算资源，满足企业业务发展的需求。通过云计算技术，民营企业可以降低 IT 成本，提高资源利用率，实现绿色计算。

随着移动互联网的普及，移动办公和远程协作成为民营企业管理的重要手段。通过移动设备和互联网，员工可以随时随地处理工作事务，实现跨部门、跨地域的协作。这有助于提高企业的工作效率，减少沟通成本，推动企业的创新发展。

二、信息技术在民营企业市场营销中的应用

随着信息技术的飞速发展，民营企业市场营销活动正在经历一场深刻的变革。信息技术的广泛应用不仅提高了市场营销的效率和精准度，还为民营企业带来了更多的商业机会和竞争优势。

（一）信息技术在市场调研与分析中的应用

市场调研与分析是市场营销活动的基础，而信息技术则为这一过程提供了强大的支持。首先，通过大数据技术，民营企业可以收集并分析海量的消费者数据，了解消费者的需求、偏好和行为模式，从而制定更为精准的市场策略。其次，利用数据挖掘和机器学习技术，企业可以对市场趋势进行预测，发现潜在的市场机会，为产品开发和市场推广提供有力依据。此外，社交媒体监测工具也能够帮助企业实时了解消费者对于产品和品牌的反馈，及时调整市场策略。

（二）信息技术在营销策略制定与执行中的应用

信息技术在营销策略制定与执行中发挥着举足轻重的作用。一方面，企业可以利用客户关系管理系统（CRM）对客户进行细分，根据客户的价值、需求和行为特征制定个性化的营销方案。另一方面，通过自动化营销工具，企业可以实现营销活动的自动化和智能化，提高营销效率。例如，利用电子邮件营销系统，企业可以定期向潜在客户和现有客户发送个性化的邮件，推广新产品或活动；通过社交媒体营销平台，企业可以与消费者进行实时互动，提高品牌知名度和美誉度。

（三）信息技术在营销渠道拓展与管理中的应用

信息技术的发展为民营企业营销渠道的拓展与管理提供了更多可能性。首先，电子商务平台使得企业可以突破地域限制，将产品销售到全国乃至全球范围。通过在线商店、电商平台等渠道，企业可以接触到更多的潜在客户，提高销售额。其次，社交媒体、短视频等新媒体平台为企业提供了与消费者互动的新途径，有助于提升品牌形象和认知度。此外，利用物联网技术，企业还可以实现线下门店的智能化管理，提升客户体验。

（四）信息技术在营销效果评估与优化中的应用

营销效果评估与优化是市场营销活动的重要环节，信息技术在这一方面也发挥了关键作用。通过数据分析工具，企业可以对营销活动的效果进行量化评估，了解活动的投入产出比、转化率等指标，从而找出存在的问题和改进的方向。此外，利用 A/B 测试等方法，企业可以对不同的营销策略进行对比和优化，找到最适合自己的营销方式。这些技术的应用有助于企业不断提高营销效率和质量，实现可持续发展。

三、信息技术在民营企业供应链管理中的应用

随着信息技术的飞速发展，其在民营企业供应链管理中的应用日益广泛。信息技术的引入，不仅提升了供应链管理的效率和准确性，还促进了供应链的协同和优化，为民营企业创造了巨大的商业价值。

（一）信息技术在供应链计划与控制中的应用

供应链计划与控制是供应链管理的核心环节，信息技术的应用使得这一环节更加高效和精准。首先，通过先进的计划系统，企业可以实时收集和分析供应链各环节的数据，进行需求预测、库存优化和生产计划制定。这有助于企业更好地把握市场变化，降低库存成本，提高生产效率。其次，信息技

术还使得供应链控制更加灵活和及时。通过实时监控和预警系统，企业可以及时发现并解决供应链中的问题和风险，确保供应链的稳定运行。

（二）信息技术在供应链协同与沟通中的应用

供应链协同是提升供应链整体性能的关键，而信息技术为供应链协同提供了有力的支持。通过信息共享平台，供应链各参与方可以实时共享订单、库存、物流等关键信息，加强彼此之间的沟通和协作。这有助于消除信息不对称，减少供应链中的浪费和冲突，提高供应链的响应速度和灵活性。此外，信息技术还使得供应链协同更加智能化和自动化。通过智能算法和自动化技术，企业可以优化供应链的资源配置和流程设计，提高供应链的效率和效益。

（三）信息技术在供应链物流管理中的应用

物流管理是供应链管理中至关重要的一环，信息技术的应用使得物流管理更加高效和便捷。首先，通过物联网技术，企业可以实时追踪和监控物流过程中的货物和车辆，确保物流信息的准确性和及时性。这有助于企业更好地掌握物流动态，优化物流路径和配送方案。其次，通过大数据分析和人工智能技术，企业可以对物流数据进行深入挖掘和分析，发现物流过程中的瓶颈和问题，制定针对性的改进措施。此外，信息化物流管理系统还可以实现自动化仓储、智能分拣等功能，提高物流作业的效率和准确性。

（四）信息技术在供应链风险管理中的应用

供应链风险管理是确保供应链稳定运行的重要保障，信息技术的应用为风险管理提供了有力的支持。首先，通过风险评估和预警系统，企业可以对供应链中的潜在风险进行实时监测和预警，及时发现并解决潜在问题。其次，通过供应链金融等信息技术手段，企业可以降低资金风险，提高供应链的金融效率。此外，信息技术还可以帮助企业建立供应链应急响应机制，应对突发事件和紧急情况，确保供应链的连续性和稳定性。

四、信息技术在民营企业创新发展中的作用

随着信息技术的快速发展，其在民营企业创新发展中的作用日益凸显。信息技术不仅为民营企业提供了高效、便捷的工具和平台，还促进了企业业务模式、管理方式和组织结构的深刻变革，为企业的创新发展注入了新的活力。

（一）信息技术在提升民营企业创新能力中的作用

信息技术为企业提供了快速获取和处理信息的能力，使得民营企业能够及时了解市场动态、技术发展趋势和竞争对手情况。通过数据挖掘、知识管理等手段，企业可以对海量数据进行深入分析，挖掘出有价值的信息和知识，为企业的创新发展提供有力支持。

信息技术在产品研发和技术创新中发挥着重要作用。通过引入计算机辅助设计、仿真模拟等技术，企业可以缩短产品研发周期，提高产品质量和性能。同时，信息技术还为企业提供了与高校、科研机构等外部创新资源进行合作的平台，促进了产学研深度融合，加速了技术创新步伐。

信息技术有助于企业实现资源的优化配置和高效利用。通过引入信息化管理系统、物联网技术等手段，企业可以实时监控生产、库存、物流等各个环节的情况，优化资源配置，降低运营成本。同时，信息技术还可以提高企业内部沟通协作的效率，促进信息的快速传递和共享，从而提升企业整体运营效率。

（二）信息技术在推动民营企业业务模式创新中的作用

信息技术为企业提供了更加多元化的市场渠道和营销手段。通过电子商务平台、社交媒体等渠道，企业可以突破地域限制，拓展客户群体，提高市场占有率。同时，利用大数据分析、精准营销等技术，企业可以更精准地定位目标客户，提高营销效果，实现销售业绩的提升。

信息技术使得企业能够提供更加个性化、智能化的服务。通过引入智能客服、在线咨询等系统，企业可以实时响应客户需求，提供及时、专业的服务。同时，利用大数据分析和人工智能技术，企业还可以对客户需求进行深入挖掘和分析，为客户提供更加精准、贴心的服务，提升客户满意度和忠诚度。

信息技术为企业探索新的商业模式和盈利方式提供了可能。通过引入共享经济、平台经济等新模式，企业可以打破传统业务模式的束缚，创造新的价值增长点。同时，信息技术还可以帮助企业实现跨界融合和创新发展，拓展企业的业务领域和发展空间。

（三）信息技术在优化民营企业组织结构与管理方式中的作用

信息技术的引入使得企业能够实现组织结构的扁平化和管理层级的减少。通过引入协同办公、在线会议等系统，企业可以打破地域和时间的限制，实现跨部门、跨地域的协作和沟通。这有助于减少中间环节和决策层级，提高决策效率和响应速度，使得企业更加灵活和高效地应对市场变化。信息技术有助于提高员工的素质和工作效率。通过引入在线培训、知识共享等系统，企业可以为员工提供更加便捷、高效的学习和发展机会。同时，信息技术还可以优化工作流程和减少重复劳动，降低员工的工作负担和压力，提高员工的工作满意度和归属感。

第四节　数字经济与共同富裕的关系

一、数字经济对提升社会整体收入水平的贡献

数字经济作为现代社会发展的重要驱动力，以其高效、便捷、创新的特点，正在深刻改变着人们的生活方式和经济形态。它不仅推动了产业结构的

优化升级，也为提升社会整体收入水平提供了强有力的支持。

（一）数字经济创造新的就业机会

数字经济的发展催生了大量新兴职业和就业机会，为社会整体收入水平的提升奠定了坚实基础。首先，数字经济的兴起使得互联网、大数据、人工智能等领域成为就业热点，吸引了大量人才涌入。这些新兴领域不仅提供了高薪就业机会，还为年轻人和创新型人才提供了更广阔的发展空间。其次，数字经济推动了传统产业的数字化转型，使得传统产业在提高效率、降低成本的同时，也创造了更多的就业机会。这些就业机会的增加，使得更多人能够参与到经济活动中来，从而提高了社会整体收入水平。

（二）数字经济促进产业升级与转型

数字经济通过推动产业升级与转型，提高了经济的整体效益和竞争力，进而提升了社会整体收入水平。一方面，数字经济通过引入先进的信息技术和管理理念，促进了传统产业的优化升级。这些升级不仅提高了生产效率，降低了成本，还使得企业能够更好地适应市场需求，提高产品质量和服务水平。另一方面，数字经济还推动了新兴产业的发展，如电子商务、云计算、物联网等。这些新兴产业不仅具有广阔的市场前景和巨大的增长潜力，还为经济发展注入了新的动力。通过产业升级与转型，数字经济为提升社会整体收入水平提供了有力支撑。

（三）数字经济提升资源配置效率

数字经济通过提升资源配置效率，有助于实现资源的优化配置和高效利用，进而推动社会整体收入水平的提升。首先，数字经济借助大数据、云计算等技术手段，能够实时收集和分析市场信息，使得企业和个人能够更加准确地把握市场动态和需求变化。这有助于减少信息不对称和盲目投资，提高资源配置的精准性和有效性。其次，数字经济推动了共享经济、平台经济等新型经济模式的发展。这些经济模式通过共享闲置资源和提高资源利用效率，实现了资源的最大化利用和价值的最大化发挥。通过提升资源配置效率，数字经济为提升社会整体收入水平提供了有力保障。

（四）数字经济促进创新创业

数字经济以其开放、包容、创新的特性，为创新创业提供了广阔的舞台和丰富的资源。首先，数字经济降低了创新创业的门槛和成本。通过互联网平台和开放共享的资源，个人和小微企业可以更加便捷地获取创新资源和市场信息，降低了创新创业的难度和风险。其次，数字经济为创新创业提供了更加多元化的融资渠道和投资方式。众筹、股权融资等新型融资方式的出现，为创新创业提供了更加灵活和便捷的资金支持。通过促进创新创业，数字经济不仅催生了大量新兴企业和产业，也为社会整体收入水平的提升注入了新的活力。

（五）数字经济改善收入分配结构

数字经济在提升社会整体收入水平的同时，也有助于改善收入分配结构，减少贫富差距。一方面，数字经济通过创造新的就业机会和提高生产效率，使得更多人能够参与到经济活动中来，从而获得更高的收入。这有助于扩大中等收入群体，提高社会整体收入水平。另一方面，数字经济通过推动产业升级和转型，使得传统产业也能够分享到经济发展的成果。同时，数字经济还促进了共享经济等新型经济模式的发展，使得更多人能够分享到资源的利用和价值的创造。通过改善收入分配结构，数字经济有助于实现社会公平和共同富裕。

（六）数字经济推动全球贸易与合作

数字经济以其无界性和高效性，为全球贸易与合作提供了便利和动力。通过跨境电商、数字贸易等新型贸易方式，数字经济打破了地域限制，使得商品和服务能够更加便捷地流通到全球各地。这不仅促进了国际贸易的繁荣和发展，也为各国企业提供了更广阔的市场和商机。同时，数字经济还推动了全球范围内的技术合作和知识共享，使得各国能够共同应对全球性挑战和问题。通过推动全球贸易与合作，数字经济为提升社会整体收入水平提供了更加广阔的空间和机遇。

（七）数字经济提升公共服务水平

数字经济在提升公共服务水平方面发挥了重要作用，通过引入信息化、智能化等技术手段，数字经济使得公共服务更加便捷、高效和个性化。例如，在线教育、远程医疗等服务的普及，使得更多人能够享受到优质的教育和医疗资源；智慧城市、智能交通等项目的建设，提高了城市管理和交通运行的效率；电子政务、在线支付等平台的推广，使得政府服务更加透明、高效和便捷。这些公共服务的提升不仅提高了人们的生活质量，也为社会整体收入水平的提升创造了有利条件。

二、数字经济在缩小贫富差距中的作用

随着科技的飞速发展和互联网的普及，数字经济已成为推动社会经济发展的重要力量。它不仅催生了新的经济增长点，也在一定程度上对缩小贫富差距起到了积极的作用。

（一）数字经济为弱势群体提供更多就业机会

数字经济以其灵活性和包容性，为弱势群体提供了更多的就业机会。在传统经济中，由于技能、学历、地域等因素的限制，许多人难以获得合适的就业机会。而数字经济通过互联网平台的连接，打破了地域限制，使得更多人能够参与到远程工作、在线教育、电商服务等领域中来。这些领域对技能要求相对较低，且往往具有灵活的工作时间和地点，为弱势群体提供了更多的就业选择和机会。通过参与数字经济活动，他们能够获得稳定的收入来源，

从而逐步摆脱贫困状态。

（二）数字经济促进教育资源的均衡分配

教育是缩小贫富差距的重要途径之一，而数字经济在促进教育资源均衡分配方面发挥了重要作用。通过互联网平台，优质的教育资源得以广泛传播和共享，使得更多人能够享受到高质量的教育服务。在线教育平台的兴起，使得偏远地区的学生也能够接触到优质的教育资源，打破了地域限制。同时，数字经济还推动了教育模式的创新，如个性化学习、在线辅导等，使得教育更加符合学生的需求和兴趣。通过提升教育水平，弱势群体能够增强自身的竞争力，获得更好的就业机会和收入来源，从而逐步缩小与富裕群体的差距。

（三）数字经济降低创业门槛，促进创业创新

数字经济为创业者提供了更多的机会和平台，降低了创业门槛。通过互联网平台，创业者可以更加便捷地获取市场信息、融资支持和合作伙伴，从而快速实现创业梦想。数字经济还推动了创业模式的创新，如共享经济、众包众创等，使得更多人能够参与到创业活动中来。这些创新模式不仅降低了创业成本，也提高了创业成功率。通过创业创新，弱势群体能够创造更多的就业机会和财富，实现自身的价值和发展。

（四）数字经济推动普惠金融发展

普惠金融是缩小贫富差距的重要手段之一，而数字经济在推动普惠金融发展方面发挥了积极作用。通过互联网金融平台，弱势群体能够更加便捷地获得金融服务，如贷款、理财、保险等。这些平台通过大数据、云计算等技术手段，对用户的信用状况进行精准评估，降低了金融风险和成本。同时，数字经济还推动了金融产品的创新，如小额信贷、消费金融等，使得金融服务更加贴近弱势群体的需求。通过普惠金融的发展，弱势群体能够获得更多的资金支持和发展机会，逐步缩小与富裕群体的经济差距。

（五）数字经济促进信息流通和共享

信息的不对称是导致贫富差距的重要因素之一。而数字经济以其开放、透明的特性，促进了信息的流通和共享。通过互联网平台，人们可以更加便捷地获取各种信息，包括市场动态、政策变化、就业信息等。这些信息的流通和共享使得弱势群体能够更好地把握市场机遇和政策红利，提高自身的竞争力和收入水平。同时，数字经济还推动了政务公开和透明化，使得政府决策更加符合民意和实际需求。通过促进信息流通和共享，数字经济有助于缩小贫富差距，实现社会公平和共同富裕。

三、数字经济对实现共同富裕的潜在挑战与对策

随着数字技术的飞速发展和广泛应用，数字经济已成为推动社会经济发展的重要引擎。它在促进经济增长、提高生产效率、优化资源配置等方面发挥了积极作用，为实现共同富裕奠定了坚实基础。然而，数字经济在推动共同富裕的过程中也面临着一些潜在挑战。

（一）数字鸿沟问题及其对策

数字鸿沟是数字经济发展中面临的一大挑战，它主要体现在城乡之间、地区之间以及不同社会群体之间的数字素养、信息技术应用水平等方面的差异。这种差异导致一些人无法充分享受数字经济带来的红利，从而加剧了贫富差距。

为了应对数字鸿沟问题，首先需要加强数字基础设施建设，提高网络覆盖率和普及率，特别是在偏远地区和农村地区。同时，加强数字素养教育，提高公众的信息技术应用能力，使更多人能够参与到数字经济中来。此外，政府和社会各界应加大对弱势群体的支持力度，通过政策扶持、社会帮扶等方式，帮助他们跨越数字鸿沟，共享数字经济发展成果。

（二）数据安全与隐私保护问题及其对策

数字经济在带来便利的同时，也引发了数据安全与隐私保护方面的担忧。随着个人信息的数字化和网络化，数据泄露、滥用和侵犯个人隐私的风险不断增加。这不仅可能损害个人的合法权益，还可能对社会的稳定和安全造成威胁。

为了保障数据安全与隐私，需要加强相关法律法规的制定和执行，明确数据收集、存储、使用和共享的规则和标准。同时，建立健全数据安全管理机制，加强数据加密、访问控制等技术手段的应用，提高数据的安全性和可靠性。此外，加强公众的数据安全意识和隐私保护意识教育，提高他们的自我保护能力。

（三）数字经济下的就业结构变化及其对策

数字经济的发展对就业结构产生了深远影响。一方面，它创造了大量新兴就业岗位，如数字营销、数据分析等；另一方面，也导致一些传统行业就业岗位减少或消失。这种就业结构的变化可能加剧社会不平等和贫富差距。

为了应对数字经济下的就业结构变化，需要加强职业培训和教育，提高劳动者的技能和素质，使他们能够适应新兴行业的需求。同时，完善社会保障制度，为失业和转岗人员提供必要的支持和保障。此外，政府和社会各界应积极推动产业转型升级和融合发展，创造更多高质量的就业岗位，促进就业结构的优化和平衡。

（四）数字经济中的资本垄断与监管挑战及其对策

数字经济的发展也带来了资本垄断和监管挑战。一些大型数字平台凭借技术优势和市场垄断地位，可能滥用市场支配地位，损害消费者利益和社会公平。同时，数字经济的跨境性和复杂性也给监管带来了难度。

为了应对这些挑战，需要加强数字经济领域的反垄断和反不正当竞争执法力度，维护公平竞争的市场环境。同时，建立健全数字经济监管体系，加强对数字平台的监管和约束，防止其滥用市场支配地位。此外，加强国际合作与交流，共同应对数字经济领域的全球性挑战和问题。

（五）促进数字经济普惠共享的策略

为了充分发挥数字经济在实现共同富裕中的积极作用，需要采取一系列策略促进数字经济的普惠共享。首先，通过政策引导和市场机制相结合，推动数字经济与实体经济深度融合，让更多人能够享受到数字经济带来的便利和红利。其次，加强数字技术在公共服务领域的应用，提高公共服务的普及性和便捷性，满足人民群众日益增长的美好生活需要。此外，鼓励和支持创新型企业发展，推动数字技术创新和产业升级，为实现共同富裕提供有力支撑。

四、数字经济与共同富裕的相互促进机制

数字经济，作为现代社会发展的重要驱动力，以其独特的优势和潜力，正在与共同富裕的目标形成紧密的相互促进机制。这种机制不仅体现在数字经济为共同富裕提供动力和支持，也体现在共同富裕为数字经济的健康发展创造有利环境。

（一）数字经济推动共同富裕的实现

数字经济以其高效、便捷、创新的特点，为共同富裕的实现提供了强大的动力。首先，数字经济通过促进就业创业，为更多人提供了参与社会经济发展的机会。随着数字技术的广泛应用，新兴产业和就业岗位不断涌现，使得劳动者能够根据自己的兴趣和能力选择适合自己的工作，实现个人价值的最大化。同时，数字经济也降低了创业门槛，为有梦想、有能力的创业者提供了实现梦想的平台。

其次，数字经济通过优化资源配置，提高了社会整体的生产效率和经济

效益。数字技术的应用使得信息的流通更加便捷，资源的分配更加精准，减少了资源浪费和冗余。这种优化资源配置的机制有助于实现经济的可持续发展，为共同富裕奠定坚实的物质基础。

此外，数字经济还通过促进创新和产业升级，推动了社会经济的转型升级。数字技术的应用使得传统产业得以改造升级，新兴产业得以快速发展，为社会经济的增长提供了新的动力。这种创新和产业升级的过程不仅有助于提升国家的经济实力和综合竞争力，也为实现共同富裕提供了更加广阔的空间和可能性。

（二）共同富裕为数字经济的健康发展创造有利环境

共同富裕的实现也为数字经济的健康发展提供了有力支撑。首先，共同富裕的目标要求社会资源的公平分配和有效利用，这有助于减少数字鸿沟，使更多人能够享受到数字经济的红利。政府和社会各界可以通过加大投入、优化政策等方式，推动数字基础设施的普及和完善，提高数字技术的普及率和应用水平。这将有助于缩小城乡之间、地区之间以及不同社会群体之间的数字鸿沟，让更多人能够参与到数字经济中来。

其次，共同富裕的实现有助于提高人民的生活水平和消费水平，为数字经济提供更广阔的市场空间。随着人民生活水平的提高，对数字化产品和服务的需求也将不断增加。这将推动数字经济的不断创新和发展，形成更加丰富的产品和服务供给。同时，消费水平的提升也将为数字经济带来更多的商业机会和利润空间，促进数字经济的持续健康发展。

此外，共同富裕的实现还有助于营造更加公平、开放、包容的社会环境，为数字经济的创新和发展提供更加有力的保障。在共同富裕的背景下，社会将更加注重公平和正义，为数字经济的创新者、创业者提供更加公平的竞争机会和更加包容的发展环境。这将有助于激发数字经济的创新活力，推动数字经济的快速发展。

（三）数字经济与共同富裕相互促进的机制优化

要进一步优化数字经济与共同富裕的相互促进机制，需要从多个方面入手。首先，加强数字基础设施建设，提高数字技术的普及率和应用水平，缩小数字鸿沟。这包括加强网络覆盖、提升数据传输速度、推广智能终端等举措，让更多人能够享受到数字经济的便利。其次，推动数字经济与实体经济的深度融合，促进产业转型升级和创新发展。通过数字技术对传统产业的改造升级，提高生产效率和质量，同时培育新兴产业和业态，为经济增长注入新的动力。

此外，还需要加强政策支持和引导，为数字经济与共同富裕的相互促进提供有力保障。政府可以出台相关政策，鼓励企业加大数字技术研发和应用投入，支持数字经济领域的人才培养和创新创业活动。同时，加强监管和风险防范，确保数字经济的健康发展。

第二章 民营经济发展现状

第一节 民营经济的定义与范围

一、民营经济的概念与内涵

民营经济，作为中国经济的重要组成部分，其概念与内涵的深入理解和把握，对于促进经济健康发展、推动社会进步具有重要意义。

（一）民营经济的概念界定

民营经济，顾名思义，是指由民间经营的经济。具体来说，它是指除了国有和国有控股企业以外的多种所有制经济的统称，包括国有民营经济、个体经济、私营经济、混合所有民营经济、民营科技企业、农民专业合作社等类型。这种经济形式以民间投资为主体，以追求利润为主要目标，并适应市场需求进行灵活经营。

民营经济的概念可以从多个角度进行理解。从所有制结构上看，它涵盖了除国有和国有控股企业外的所有经济成分；从经营主体上看，它强调民间资本的参与和主导；从经营目标上看，它追求的是利润最大化；从经营方式上看，它根据市场需求进行灵活调整，具有较高的市场适应性。

（二）民营经济的内涵解析

民营经济的内涵首先体现在其多元性上。它不仅包括了个体经济、私营经济等传统的非公有制经济形式，还涵盖了混合所有制经济中的民营成分，以及随着科技进步和产业发展而涌现出的新型民营经济形态。这种多元性使得民营经济在国民经济中占据了举足轻重的地位，成为推动经济发展的重要力量。民营经济的内涵还体现在其市场导向性上。由于民营经济以民间投资为主体，其经营决策更多地受到市场因素的影响。这使得民营经济在生产经营过程中更加注重市场需求的变化，能够根据市场信号及时调整经营策略，实现资源的优化配置。同时，民营经济的市场导向性也使其具有更强的创新意识和创新能力，能够不断推动产品升级和产业转型。

民营经济的灵活性和适应性是其内涵的重要组成部分。由于民营经济主体多样、规模不一，它们能够根据不同的市场环境和政策环境灵活调整经营策略，快速适应市场变化。这种灵活性和适应性使得民营经济在应对经济波动和政策调整时具有更强的韧性和生命力。民营经济的贡献性是其内涵的又一重要体现。民营经济在促进经济增长、增加就业、推动创新、改善民生等方面发挥了重要作用。它为国家创造了大量的税收和财富，为社会提供了丰富的产品和服务，为人民群众提供了广泛的就业机会和创业空间。同时，民营经济还通过推动技术创新和产业升级，不断提升国家的经济实力和综合竞争力。

（三）民营经济在国民经济中的地位与作用

民营经济在中国国民经济中的地位日益凸显，其作用也越来越重要。一方面，民营经济是经济增长的重要引擎。由于其灵活性和市场导向性，民营经济能够快速适应市场需求变化，推动经济增长和产业升级。另一方面，民营经济是就业的主要渠道。大量的民营企业为社会提供了广泛的就业机会，缓解了就业压力，促进了社会稳定。此外，民营经济还是创新的重要力量。

许多民营企业通过技术创新和产业升级，推动了社会进步和经济发展。

（四）民营经济的挑战与机遇

尽管民营经济在国民经济中发挥着重要作用，但也面临着一些挑战。例如，市场准入门槛高、融资难融资贵、税费负担重等问题制约了民营经济的发展。同时，国际经济环境的不确定性和国内政策调整也可能对民营经济产生影响。然而，随着国家政策的不断优化和市场环境的逐步改善，民营经济有望迎来更加广阔的发展空间。未来，民营经济将继续发挥其在经济增长、就业创新等方面的优势，为中国经济的持续健康发展作出更大贡献。

二、民营经济的行业分布与特点

民营经济作为中国经济发展的重要力量，其行业分布广泛且特点鲜明。深入研究和理解民营经济的行业分布与特点，对于优化经济结构、推动产业升级、促进经济高质量发展具有重要意义。

（一）民营经济的行业分布

民营经济的行业分布呈现出多元化、广泛化的特点。从传统的制造业、建筑业，到现代服务业、高新技术产业，民营经济均有所涉及。具体来说，民营经济的行业分布可以概括为以下几个方面：

制造业是民营经济的重要领域之一。民营企业在制造业中占据了相当大的比重，特别是在一些劳动密集型产业中，民营企业更是发挥了重要作用。这些企业通过技术创新和产业升级，不断提高产品质量和附加值，为中国制造业的发展做出了重要贡献。

建筑业也是民营经济的重要行业之一。随着城市化进程的加速和基础设施建设的不断推进，民营建筑企业在市场上占据了重要地位。这些企业凭借灵活的经营机制和高效的管理模式，在激烈的市场竞争中脱颖而出，为城市建设和经济发展做出了积极贡献。

随着经济的发展和人民生活水平的提高，服务业逐渐成为民营经济的重要增长点。民营企业在批发零售、餐饮住宿、文化娱乐等领域广泛布局，通过提供多样化、个性化的服务满足市场需求。同时，一些民营企业还涉足金融、教育、医疗等高端服务业，为经济社会发展提供了有力支持。

近年来，随着科技创新的不断发展，高新技术产业逐渐成为民营经济的新兴领域。一些民营企业通过引进先进技术、加强自主研发，成功转型为高新技术企业，涉足电子信息、生物医药、新能源等领域。这些企业的发展不仅提升了中国高新技术产业的整体水平，也为经济高质量发展注入了新的动力。

（二）民营经济的特点

民营经济以其灵活的经营机制和快速的市场反应能力著称。民营企业能够根据市场需求和政策变化及时调整经营策略，快速适应市场变化。这种灵活性和适应性使得民营经济在市场竞争中占据优势地位，能够迅速抓住机遇并应对挑战。民营经济在创新方面表现出强烈的活力和动力。民营企业通常更加注重技术创新和产品研发，通过引进先进技术、加强自主研发等方式提升产品质量和技术含量。这种创新精神使得民营经济在推动产业升级和经济发展方面发挥了重要作用。

民营经济是在市场经济条件下发展起来的，因此具有强烈的市场化和竞争性特点。民营企业在市场竞争中遵循市场规则，通过提高产品质量、降低成本、优化服务等方式赢得市场份额。这种竞争机制有助于推动民营经济不断发展和优化。民营经济在促进经济增长、增加就业、推动创新等方面做出了重要贡献。同时，民营企业也积极履行社会责任，关注环境保护、公益事业等方面的问题。许多民营企业通过捐款捐物、扶贫济困等方式回馈社会，展现了良好的企业形象和社会责任感。

（三）民营经济面临的挑战与发展趋势

尽管民营经济在行业中具有广泛的分布和显著的特点，但也面临着一些挑战。随着国内外经济环境的不断变化，民营企业需要应对市场竞争的加剧、技术创新的压力以及政策调整的影响。同时，一些民营企业还存在管理不规范、融资难等问题，制约了其进一步发展。

然而，随着国家对民营经济的支持力度不断加大，民营经济的发展前景依然广阔。未来，民营经济将继续发挥其在创新、就业、经济增长等方面的优势，推动中国经济实现高质量发展。同时，随着新兴产业的不断涌现和传统产业的转型升级，民营经济也将迎来更多的发展机遇和挑战。

三、民营经济与国有企业、外资企业的比较分析

在中国经济体系中，民营经济、国有企业和外资企业是三种重要的经济形态，它们各自拥有独特的优势和特点，并在推动国家经济发展中发挥着不可替代的作用。

（一）民营经济的特点与优势

民营经济以其灵活性、创新性和市场适应性而著称。首先，民营企业通常规模较小，经营灵活，能够快速调整生产计划和市场策略，以应对市场变化。这使得民营企业在市场竞争中具有一定的优势，能够迅速抓住市场机遇并规避风险。其次，民营企业注重创新，通过引进新技术、开发新产品、优化服务等方式，不断提升自身竞争力。此外，民营企业还具有较强的市场意识，能够敏锐地把握市场需求，并根据市场需求调整经营策略。

在推动经济发展方面，民营经济发挥了重要作用。民营企业是就业的主要渠道，为大量劳动力提供了就业机会。同时，民营企业也是创新的重要力量，通过技术创新和产业升级，推动了经济结构的优化和升级。此外，民营企业还在促进市场竞争、提高经济效率等方面发挥了积极作用。

（二）国有企业的地位与作用

国有企业在国民经济中占据重要地位，是国家经济发展的重要支柱。首先，国有企业在关键领域和重要行业具有主导作用，如能源、交通、通信等基础设施领域，国有企业承担着保障国家安全和经济发展的重任。其次，国有企业在技术创新和产业升级方面发挥着引领作用，通过引进先进技术、开展研发活动等方式，推动产业结构的优化和升级。此外，国有企业还承担着社会责任，积极参与公益事业和社会建设。

然而，国有企业也存在一些问题和挑战。一方面，由于国有企业的特殊地位，其在市场竞争中可能受到一定程度的保护，导致市场竞争不充分。另一方面，国有企业在管理和运营方面也存在一些问题，如决策机制不灵活、运营效率不高等。

（三）外资企业的引进与影响

外资企业在中国经济发展中发挥着重要作用。首先，外资企业的引进带来了先进的技术和管理经验，促进了中国产业结构的升级和转型。其次，外资企业在中国投资设厂，为当地创造了就业机会，提高了劳动力素质和技能水平。此外，外资企业还通过市场竞争和合作，推动了中国企业提升国际竞争力。

然而，外资企业的引进也带来了一些挑战和风险。一方面，外资企业的进入可能加剧市场竞争，对本土企业构成一定压力。另一方面，外资企业可能通过技术垄断和市场控制等手段，影响中国的产业安全和经济发展。

（四）比较分析

通过对民营经济、国有企业和外资企业的比较分析，我们可以发现它们各有优势和不足。民营经济以其灵活性和创新性著称，是推动经济发展和就业的重要力量；国有企业在关键领域和重要行业具有主导作用，但也需要改进管理和运营机制；外资企业带来了先进的技术和管理经验，但也可能带来市场竞争和风险。

在经济发展中，我们需要充分发挥各种经济形态的优势，促进它们之间的协调发展。一方面，要鼓励和支持民营企业发展，激发市场活力和创造力；另一方面，要加强国有企业的改革和创新，提升其核心竞争力和运营效率；同时，也要积极引进外资，推动产业升级和技术创新。

四、民营经济在国家经济中的地位与作用

在中国经济发展的历程中，民营经济一直扮演着重要的角色。它不仅是推动经济增长的重要力量，也是促进就业、增加税收、推动创新的重要载体。

（一）民营经济在国家经济中的地位

民营经济在国家经济中的地位日益凸显，已经成为国民经济的重要组成部分。首先，从经济总量上看，民营经济的贡献率逐年上升，对 GDP 的贡献度不断提升。民营企业在制造业、服务业、高新技术产业等多个领域均取得了显著成就，为国家经济的增长提供了重要支撑。

其次，从就业角度看，民营经济是吸纳就业的主力军。大量的民营企业为社会提供了广泛的就业机会，不仅缓解了就业压力，还促进了社会稳定。民营企业的发展也带动了相关产业链的发展，为更多人提供了创业和就业的机会。

此外，民营经济在推动创新方面也发挥了重要作用。许多民营企业注重技术创新和产品研发，通过引进先进技术、加强自主研发等方式，提升了产品质量和技术含量。这些创新成果不仅提升了企业的竞争力，也为国家经济的转型升级提供了有力支持。

（二）民营经济在国家经济中的作用

民营经济通过市场竞争和自主经营，推动了资源配置的优化和效率的提升。民营企业的灵活性和创新性使得它们能够迅速抓住市场机遇，推动产业

升级和经济发展。同时，民营企业的发展也带动了相关产业链的发展，形成了产业集聚和规模效应，进一步促进了经济增长。

民营企业的发展为国家税收做出了重要贡献。随着民营企业规模的不断扩大和盈利能力的提升，税收贡献度也在不断提高。这些税收收入为国家提供了重要的财政支持，用于基础设施建设、公共服务等方面，进一步推动了国家经济的发展。民营经济在推动创新升级方面发挥了重要作用。许多民营企业注重技术创新和产品研发，通过引进先进技术、加强自主研发等方式，提升了企业的技术水平和创新能力。这些创新成果不仅提升了企业的市场竞争力，也为国家经济的转型升级提供了有力支持。同时，民营企业的创新活动也激发了全社会的创新热情，推动了创新型国家的建设。

民营经济的存在和发展促进了市场竞争的加剧。民营企业通过提高产品质量、降低成本、优化服务等方式赢得市场份额，这种竞争机制有助于推动市场机制的完善和市场经济的健康发展。同时，民营企业也通过竞争不断提升自身的经营管理水平和创新能力，为国家经济的持续发展提供了动力。民营经济的发展有助于优化经济结构。民营企业在不同行业和领域的发展，使得国家经济结构更加多元化和均衡化。这种多元化的经济结构有助于降低经济风险，提高经济韧性。同时，民营企业的发展也推动了产业结构的升级和转型，为国家经济的长远发展奠定了基础。

（三）面临的挑战与发展建议

尽管民营经济在国家经济中发挥了重要作用，但也面临着一些挑战。如融资难、融资贵等问题制约了民营企业的发展；市场准入门槛高、不公平竞争等现象仍然存在；一些民营企业在管理、技术等方面还有待提升。

针对这些挑战，建议政府进一步加大对民营经济的支持力度，优化营商环境，降低市场准入门槛，为民营企业提供更多发展机遇。同时，民营企业也应加强自身建设，提升管理水平和技术创新能力，以应对激烈的市场竞争和不断变化的市场环境。

第二节　中国民营经济的历史演进

一、改革开放以来民营经济的发展历程

改革开放以来，中国民营经济经历了从无到有、从小到大的发展历程，逐步成为国民经济的重要支柱和推动力量。

（一）起步阶段：放宽政策，鼓励个体经济发展

改革开放初期，中国经济处于计划经济向市场经济的转型阶段。为了打破传统的计划经济体制束缚，政府开始放宽政策，鼓励个体经济的发展。这一时期，许多个体户开始涌现，他们利用自己的技能和资源，开展小规模的商业活动，为市场提供了多样化的产品和服务。这些个体户成为民营经济的雏形，为后续的民营经济发展奠定了基础。

（二）发展阶段：支持私营企业发展，推动民营经济壮大

随着改革开放的深入，政府逐渐认识到私营企业在经济发展中的重要作用。因此，政府出台了一系列支持私营企业发展的政策措施，包括提供税收优惠、简化审批程序、拓宽融资渠道等。这些政策的实施，为私营企业的发展创造了良好的环境，推动了民营经济的快速壮大。在这一阶段，许多私营企业开始崛起，它们不仅在数量上迅速增加，而且在规模上也不断扩大，逐渐成为国民经济的重要组成部分。

（三）成熟阶段：深化改革，促进民营经济高质量发展

进入新世纪，中国经济发展进入了一个新的阶段。为了推动民营经济高质量发展，政府进一步深化了改革，加大了对民营经济的支持力度。一方面，

政府继续优化营商环境，简化审批流程，降低企业成本；另一方面，政府还加强了对民营企业的产权保护，鼓励民营企业加大创新投入，提升技术水平。这些举措为民营经济的高质量发展提供了有力保障。在这一阶段，民营企业不仅在数量上保持快速增长，而且在质量上也得到了显著提升。许多民营企业开始涉足高新技术产业、现代服务业等领域，推动了产业结构的优化和升级。同时，民营企业还积极参与国际竞争与合作，提升了中国经济的国际影响力。

（四）新时代：全面深化改革，民营经济迎来新的发展机遇

进入新时代，中国经济发展面临新的机遇和挑战。为了推动民营经济持续健康发展，政府继续全面深化改革，为民营经济提供更多发展机遇。一方面，政府加大了对民营经济的政策支持力度，包括减税降费、扩大市场准入等；另一方面，政府还加强了对民营企业的服务保障，包括提供融资支持、加强人才培养等。这些举措为民营经济在新时代的发展奠定了坚实基础。

在这一阶段，民营经济迎来了新的发展机遇。随着创新驱动发展战略的实施，民营企业成为创新的主力军，它们在科技创新、产品创新等方面取得了显著成果。同时，随着"一带一路"倡议的推进，民营企业也积极参与国际合作与交流，为推动全球经济发展作出了积极贡献。

（五）民营经济发展中的挑战与应对

虽然民营经济在改革开放以来取得了显著成就，但在发展过程中也面临一些挑战。如融资难、融资贵等问题仍然存在；一些地区和行业存在市场准入壁垒；部分民营企业在经营管理、技术创新等方面还有待提升。

针对这些挑战，政府和企业应共同努力应对。政府应继续深化改革，优化营商环境，为民营企业提供更多政策支持和服务保障。同时，民营企业也应加强自身建设，提升经营管理水平和技术创新能力，以应对激烈的市场竞争和不断变化的市场环境。

二、不同阶段民营经济的政策环境与特点

自改革开放以来，民营经济在中国的发展历经了多个阶段，每个阶段都伴随着不同的政策环境与特点。

（一）起步阶段：政策初步放宽，个体经济蓬勃发展

改革开放初期，中国经济刚从计划经济体制中解放出来，政策环境对于民营经济的发展初步放宽。这一时期，政府鼓励个体经济的发展，允许个体户进行小规模的商业活动。

在政策环境方面，政府出台了一系列措施，如放宽市场准入、减少行政审批等，为个体户提供了相对宽松的经营环境。同时，政府还通过税收减免、资金扶持等方式，支持个体经济的发展。

这一阶段民营经济的特点主要表现为小规模、分散经营。个体户主要依托当地资源，从事一些简单的生产和服务活动，如小商店、家庭作坊等。虽然规模较小，但个体户的灵活性和创新性为市场带来了活力。

（二）发展阶段：政策进一步支持，私营企业崛起

随着改革开放的深入，政府进一步认识到民营经济在推动经济发展中的重要作用，因此政策环境得到了进一步改善。政府出台了一系列支持私营企业发展的政策措施，如提供税收优惠、简化审批流程、拓宽融资渠道等。

在这一阶段，私营企业开始崛起，成为民营经济的重要组成部分。许多私营企业凭借敏锐的市场洞察力和创新能力，迅速发展成为行业领军企业。同时，私营企业还积极参与国际竞争，推动了中国经济的国际化进程。

此时民营经济的特点表现为规模化、专业化。私营企业开始注重品牌建设、技术研发和市场拓展，逐渐形成了具有一定规模和影响力的企业群体。

此外，私营企业还开始涉足高新技术产业、现代服务业等领域，推动了产业结构的优化和升级。

（三）成熟阶段：政策深化完善，民营经济高质量发展

进入新世纪，中国经济发展进入了一个新的阶段，政府对民营经济的政策支持也进一步深化和完善。政府不仅继续优化营商环境、简化审批流程，还加强了对民营企业的产权保护、创新支持等方面的工作。

在这一阶段，民营经济实现了高质量发展。许多民营企业通过技术创新、品牌建设、市场拓展等方式，提升了自身的竞争力和影响力。同时，民营企业还积极参与国内外市场竞争，推动了中国经济的全球化进程。

此时民营经济的特点表现为创新驱动、品牌化经营。民营企业注重技术研发和创新能力的培养，通过引进先进技术、加强自主研发等方式，提升了产品的技术含量和附加值。同时，民营企业还注重品牌建设和市场推广，通过提升品牌形象和知名度，增强了市场竞争力。

（四）新时代：政策全面优化，民营经济迎来新发展机遇

进入新时代，中国经济发展面临新的机遇和挑战。政府继续全面深化改革，为民营经济提供更加全面和优化的政策环境。

在政策环境方面，政府进一步简政放权、减税降费，为民营企业减轻了负担。同时，政府还加强了对民营企业的服务保障，如加强融资支持、优化人才政策等，为民营企业的发展提供了有力支持。

在这一阶段，民营经济迎来了新的发展机遇。随着"一带一路"倡议、创新驱动发展战略等国家重大战略的推进，民营企业有了更广阔的市场空间和更多的发展机会。许多民营企业积极参与国际合作与交流，推动了全球经济的共同发展。

此时民营经济的特点表现为国际化、多元化。民营企业不仅在国内市场上取得了显著成就，还积极开拓国际市场，参与全球竞争。同时，民营企业

还涉足多个领域和行业，形成了多元化的经营格局。

（五）不同阶段民营经济政策的启示与展望

回顾不同阶段民营经济的政策环境与特点，我们可以得出一些启示。首先，政策环境对民营经济的发展具有重要影响，政府应继续深化改革、优化政策环境，为民营企业提供更加公平、透明、可预期的发展环境。其次，民营企业应不断提升自身实力和创新能力，以适应市场变化和应对竞争挑战。最后，政府和企业应共同推动民营经济的国际化发展，加强国际合作与交流，提升中国民营经济的全球竞争力。

展望未来，随着中国经济的持续发展和改革开放的不断深化，民营经济将继续发挥重要作用。政府应继续加大对民营经济的支持力度，推动民营经济实现更高质量、更可持续的发展。同时，民营企业也应积极把握发展机遇，加强自身建设，为推动中国经济的高质量发展作出更大贡献。

三、民营经济在国民经济中的贡献与变化

改革开放以来，民营经济作为中国经济发展的重要力量，为国民经济的持续增长和转型升级作出了巨大贡献。

（一）民营经济对国民经济的贡献

民营经济作为市场经济的重要组成部分，其灵活性和创新性使其成为经济增长的重要引擎。通过不断投入生产、扩大规模、提升效率，民营企业为国民经济贡献了巨大的产值和税收。同时，民营经济的发展还创造了大量就业机会，吸纳了大量劳动力，有效缓解了就业压力。民营企业在技术创新、产品升级和市场拓展等方面具有天然优势。许多民营企业通过引进先进技术、加强自主研发和品牌建设，不断提升产品质量和附加值，推动了产业结构的优化和升级。同时，民营企业还积极参与国际竞争与合作，引进国外先进技术和管理经验，推动了中国经济的国际化进程。

民营经济以市场为导向,根据市场需求和资源禀赋进行资源配置,有效提升了市场效率。民营企业通过灵活的经营机制和敏锐的市场洞察力,能够快速响应市场变化,调整生产结构和经营策略,实现资源的优化配置。同时,民营企业之间的竞争也促进了市场机制的完善和市场效率的提升。

(二)民营经济在国民经济中的变化

随着改革开放的深入和市场经济的发展,民营经济的规模和实力得到了显著增强。越来越多的民营企业成长为行业领军企业,甚至跻身世界 500 强。这些企业在国民经济中的地位和作用日益凸显,成为推动经济高质量发展的重要力量。随着经济的快速发展和产业结构的调整,民营经济也在逐步实现产业结构与经营模式的转型升级。一方面,民营企业逐渐从传统的劳动密集型产业向技术密集型、资本密集型产业转变,涉足高新技术产业、现代服务业等领域。另一方面,民营企业也在不断探索新的经营模式和管理方式,以适应市场竞争的变化和客户需求的升级。

政府对民营经济的重视程度不断提升,政策环境和法治保障不断完善。政府出台了一系列支持民营经济发展的政策措施,如减税降费、优化营商环境、加强产权保护等,为民营企业的发展提供了有力支持。同时,法治建设的不断推进也为民营经济的健康发展提供了有力保障。

(三)民营经济未来发展趋势与挑战

展望未来,民营经济将继续在国民经济中发挥重要作用,但同时也面临一些挑战和机遇。一方面,随着全球经济格局的变化和市场竞争的加剧,民营企业需要不断提升自身实力和创新能力,以适应国际市场的变化和需求。另一方面,随着国内经济结构的调整和产业升级的推进,民营企业也需要加快转型升级步伐,提升产品质量和附加值,实现可持续发展。

第三节　目前民营企业的规模与结构

一、民营企业的数量、规模及分布情况

自改革开放以来，中国民营企业经历了从无到有、从小到大的发展历程，逐渐成为国民经济的重要组成部分。

（一）民营企业的数量

随着改革开放政策的深入实施和市场经济的不断发展，中国民营企业的数量呈现出快速增长的态势。国家统计局数据显示，近十年来，民营企业的数量持续上升，占据了市场主体的绝大部分。尤其是在"大众创业、万众创新"的政策推动下，越来越多的个人和团队选择创业，成为民营企业的一部分。

这些民营企业广泛分布于各行各业，涵盖了制造业、服务业、高新技术产业等多个领域。其中，一些民营企业凭借敏锐的市场洞察力和创新能力，逐渐发展成为行业领军企业，对国民经济的发展起到了重要的推动作用。

（二）民营企业的规模

在规模方面，民营企业呈现出多样化和差异化的发展特点。一方面，随着市场竞争的加剧和技术的不断进步，越来越多的民营企业开始注重技术创新和品牌建设，通过提升产品质量和附加值来增强市场竞争力。这些企业逐渐形成了具有一定规模和影响力的企业群体，对国民经济的发展起到了重要的支撑作用。另一方面，由于创业门槛的降低和市场需求的多样化，大量小微企业和个体工商户也成为了民营企业的重要组成部分。这些企业虽然规模较小，但数量众多，灵活性强，为市场提供了丰富的产品和服务，促进了就业和经济增长。

（三）民营企业的分布情况

在分布情况方面，民营企业呈现出地域性、行业性和集群性的特点。

首先，从地域分布来看，民营企业在东部沿海地区较为集中，这些地区经济发达、市场活跃，为民营企业的发展提供了良好的环境和机遇。同时，随着西部大开发、中部崛起等战略的实施，中西部地区民营企业的数量也在不断增加，呈现出区域均衡发展的态势。

其次，从行业分布来看，民营企业广泛涉及各个领域，但不同行业之间的数量和规模存在差异。一些传统行业如制造业、建筑业等仍然是民营企业的主要集中地，而一些新兴行业如互联网、生物科技等则吸引了大量创业者和投资者的关注。

最后，从集群分布来看，许多地区形成了具有特色的民营企业集群，这些集群通过产业链上下游的协同发展和资源共享，提高了企业的竞争力和创新能力。例如，浙江的"块状经济"、广东的"专业镇"等都是典型的民营企业集群。

（四）民营企业在经济发展中的作用与意义

民营企业作为中国经济的重要组成部分，对经济发展起到了至关重要的作用。首先，民营企业的发展促进了市场竞争的加剧，推动了市场机制的完善和市场效率的提升。其次，民营企业通过技术创新和产业升级，推动了经济结构的优化和转型升级。此外，民营企业还创造了大量就业机会，为社会稳定和经济增长提供了有力支持。

（五）民营企业面临的挑战与机遇

尽管民营企业在数量、规模和分布上取得了显著成就，但仍面临着一些挑战和机遇。挑战方面，包括市场竞争的加剧、融资难融资贵、政策环境的不确定性等。机遇方面，随着"一带一路"倡议、创新驱动发展战略等国家重大战略的推进,民营企业有了更广阔的市场空间和更多的发展机会。

二、民营企业的所有制结构及其变化

自改革开放以来,中国民营企业所有制结构经历了深刻的变化,从单一的公有制经济逐渐转向多元化所有制经济,民营企业成为国民经济的重要组成部分。

(一)民营企业所有制结构的演变

改革开放初期,中国实行的是计划经济体制,国有企业占据主导地位,民营企业发展受到诸多限制。然而,随着改革开放的深入推进和市场经济体制的建立,民营企业的所有制结构发生了显著变化。

首先,个体经济、私营经济等非公有制经济形式逐渐得到承认和发展。政府通过放宽市场准入、减免税费等措施,鼓励个体和私营经济的发展。这些非公有制经济形式在数量上迅速增长,成为民营企业的重要组成部分。其次,混合所有制经济逐渐兴起。混合所有制经济是指不同所有制性质的企业通过交叉持股、相互融合等方式形成的经济形态。随着国有企业改革的深化和资本市场的发展,越来越多的民营企业通过参与国有企业改革、上市融资等方式,实现了与国有资本的融合,形成了混合所有制企业。此外,外资企业在中国的发展也为民营企业的所有制结构带来了新变化。随着对外开放政策的实施,大量外资进入中国市场,与民营企业开展合作或竞争,促进了民营企业所有制结构的多元化。

(二)所有制结构变化的原因

民营企业所有制结构的变化是多种因素共同作用的结果。

首先,政策环境的改善为民营企业所有制结构的变化提供了有力支持。政府通过制定一系列政策措施,如放宽市场准入、减免税费、优化营商环境等,为民营企业的发展创造了良好的环境。其次,市场需求的变化也是推动所有制结构变化的重要因素。随着消费者需求的多样化和市场竞争的加剧，民营企业需要不断创新和升级，以适应市场需求的变化。这促使民营企业不断探索新的所有制形式，以提升自身的竞争力和适应能力。此外，技术进步也为所有制结构的变化提供了动力。随着信息技术的快速发展和互联网的普及，民营企业可以更加便捷地获取信息和资源，降低交易成本，提高经营效率。这使得民营企业更加灵活和多样化地选择所有制形式，以适应市场变化和技术进步。

（三）所有制结构变化的影响

民营企业所有制结构的变化对国民经济和社会发展产生了深远的影响。

首先，所有制结构的多元化促进了市场竞争的加剧和资源配置的优化。不同所有制形式的企业在市场上相互竞争，推动了技术创新和产品升级，提高了市场效率。同时，混合所有制经济的发展也促进了国有资本和民营资本的融合，优化了资源配置，提高了经济效益。其次，所有制结构的变化为民营企业提供了更多的发展机遇和空间。随着政策环境的改善和市场需求的变化，民营企业可以更加灵活地选择适合自己的所有制形式，拓展业务领域和市场空间。这有助于民营企业实现规模扩张和产业升级，提升自身实力和市场竞争力。此外，所有制结构的变化也对社会稳定和就业产生了积极影响。民营企业的发展为社会创造了大量就业机会，缓解了就业压力。同时，民营企业的灵活性和创新性也有助于缓解社会矛盾和促进社会和谐。

（四）展望未来所有制结构的发展趋势

展望未来，中国民营企业的所有制结构将继续保持多元化的发展态势。随着市场经济体制的不断完善和政策环境的进一步优化，民营企业将拥有更加广阔的发展空间和更多的发展机遇。同时，随着全球经济的深度融合和技术的不断进步，民营企业也将面临更加复杂多变的市场环境和竞争压力。因此，民营企业需要不断创新和升级，探索适合自身发展的所有制形式，以适应市场变化和技术进步。

三、民营企业产业链与价值链的整合情况

在当前全球化和市场化的经济背景下，民营企业面临着日益激烈的竞争环境，为了提升核心竞争力，实现可持续发展，产业链的整合与价值链的优化显得尤为重要。

（一）产业链与价值链整合的动因

民营企业进行产业链与价值链整合的动因主要源于内外两方面。从内部来看，企业为了降低成本、提高效率、增强创新能力，需要通过整合产业链实现资源的优化配置，提升整体运营效率。同时，通过整合价值链，企业可以优化产品结构和服务体系，提升附加值，增强市场竞争力。从外部来看，随着市场需求的不断变化和技术的快速发展，企业需要通过整合产业链与价值链来适应外部环境的变化，抓住市场机遇，实现可持续发展。

（二）产业链与价值链整合的路径

民营企业产业链与价值链的整合路径主要包括纵向整合和横向整合两种形式。纵向整合是指企业通过控制产业链上下游的关键环节，实现原材料供应、生产、销售等环节的协同运作，降低交易成本，提高整体效益。横向整合则是指企业通过收购、兼并、合作等方式，扩大企业规模，实现资源共享和优势互补，提升市场竞争力。

在实际操作中，民营企业可以根据自身的发展阶段、行业特点、市场定位等因素，选择适合的整合路径。例如，一些处于初创期的企业可能更倾向于通过纵向整合来确保供应链的稳定性和降低运营成本；而一些规模较大、实力较强的企业则可能更倾向于通过横向整合来扩大市场份额和提升品牌影响力。

（三）产业链与价值链整合的成效

通过产业链与价值链的整合，民营企业可以取得显著的成效。首先，整合有助于企业降低成本，提高盈利能力。通过优化资源配置和协同运作，企业可以降低生产成本、运输成本、销售成本等，提高整体运营效率。其次，整合有助于企业提升创新能力，增强核心竞争力。通过整合产业链上下游的资源和技术，企业可以获取更多的创新资源，推动产品创新和服务创新，提升市场竞争力。此外，整合还有助于企业优化产品结构，提升附加值。通过整合价值链，企业可以优化产品设计、生产、销售等环节，提升产品的品质和附加值，满足消费者的多样化需求。

（四）产业链与价值链整合面临的挑战

尽管产业链与价值链整合为民营企业带来了诸多好处，但在实际操作过程中也面临着一些挑战。首先，整合过程中可能涉及大量的资金投入和资源整合，对企业的资金实力和管理能力提出了更高的要求。其次，整合过程中可能涉及不同企业之间的文化冲突和利益协调问题，需要企业具备较强的沟通和协调能力。此外，随着市场环境的不断变化和技术的快速发展，整合后的产业链与价值链也需要不断调整和优化，以适应新的市场需求和技术趋势。

（五）对策建议

为了推动民营企业产业链与价值链的整合，提出以下对策建议：一是加强政策引导和支持，为民营企业提供税收优惠、融资支持等政策措施，降低整合成本和风险；二是加强行业协作和资源共享，推动产业链上下游企业之间的合作与交流，实现资源共享和优势互补；三是加强人才培养和引进，提升企业管理和创新能力，为整合提供有力的人才保障；四是加强技术创新和研发投入，推动产业链与价值链的升级和优化，提升企业核心竞争力。

四、民营企业国际化发展与竞争力提升

在当前全球经济一体化加速的背景下，民营企业的国际化发展已经成为企业提升自身竞争力、拓展市场空间的必然趋势。

（一）民营企业国际化发展的现状

随着改革开放的深入推进和市场经济的不断完善，中国民营企业逐渐崛起并积极参与国际竞争。越来越多的民营企业开始走出国门，通过海外投资、跨国经营等方式，拓展国际市场，实现国际化发展。这些企业在国际贸易、技术创新、品牌建设等方面取得了显著成就，为中国经济的全球化发展做出了重要贡献。

（二）民营企业国际化发展面临的挑战

尽管民营企业在国际化发展方面取得了一定成绩，但仍然面临着诸多挑战。首先，国际市场竞争激烈，民营企业需要不断提升自身实力，才能在激烈的市场竞争中立足。其次，不同国家和地区的政治、经济、文化等差异较大，民营企业需要适应不同的市场环境，克服文化差异带来的障碍。此外，国际法规、贸易壁垒等因素也可能对民营企业的国际化发展造成制约。

（三）民营企业竞争力提升的路径

为了应对国际化发展面临的挑战，民营企业需要从多个方面入手，提升自身竞争力。

加强技术创新，提升产品质量。技术创新是企业提升竞争力的核心。民营企业应加大研发投入，推动技术创新，提升产品的技术含量和附加值。同时，注重产品质量和品牌建设，树立良好的企业形象，提升消费者对企业的信任度和忠诚度。优化企业管理，提高运营效率。企业管理是企业发展的重

要保障。民营企业应引入先进的管理理念和方法，优化企业组织结构，提高运营效率。同时，加强人才培养和引进，提升企业员工的素质和能力，为企业的国际化发展提供有力的人才保障。拓展国际市场，实现多元化发展。拓展国际市场是民营企业实现国际化发展的重要途径。民营企业应积极了解国际市场需求和趋势，制定适合自身的市场战略，拓展国际市场。同时，实现多元化发展，降低对单一市场的依赖风险，提升企业的抗风险能力。

加强国际合作，实现互利共赢。国际合作是民营企业提升竞争力的重要手段。民营企业应积极参与国际交流与合作，与外国企业建立紧密的合作关系，共同开发新产品、新技术和新市场。通过国际合作，民营企业可以学习借鉴国外的先进经验和技术，提升自身的竞争力和创新能力。

（四）政府在民营企业国际化发展中的角色

政府在民营企业国际化发展中扮演着重要角色。政府应制定和完善相关政策，为民营企业提供有力的支持和保障。首先，政府应简化审批程序，降低企业海外投资的门槛和成本。其次，政府应加强与外国政府的沟通与合作，为企业创造有利的国际环境。此外，政府还应加强对民营企业的培训和指导，帮助企业提升国际化经营能力和风险防范意识。

（五）案例分析

以华为、联想等成功实现国际化发展的民营企业为例，这些企业在技术创新、品牌建设、市场拓展等方面取得了显著成绩。他们通过持续投入研发，推出具有竞争力的产品和服务；通过加强品牌建设和营销推广，提升企业在国际市场的知名度和影响力；通过拓展国际市场和加强国际合作，实现了业务的快速增长和多元化发展。这些成功案例为其他民营企业提供了宝贵的经验和启示。

第四节　民营企业在国家经济中的地位

一、民营经济对 GDP 的贡献率及就业贡献

民营经济作为国民经济的重要组成部分，对于促进经济增长、扩大就业、增加财政收入等方面都发挥着不可替代的作用。

（一）民营经济对 GDP 的贡献率

民营经济在 GDP 中的占比是衡量其贡献率的重要指标。近年来，随着市场化改革的深入推进和民营企业的快速发展，民营经济在 GDP 中的占比逐年上升，成为推动经济增长的重要力量。

具体来说，民营经济在 GDP 中的贡献主要体现在以下几个方面：

首先，民营企业在生产领域的活跃表现，推动了工业、服务业等产业的快速发展，为 GDP 的增长提供了强大的动力。其次，民营经济在创新领域的突出贡献，通过引进先进技术、推动产业升级、提高产品质量等方式，提升了整体经济的竞争力，进一步促进了 GDP 的增长。此外，民营经济还通过促进国际贸易、扩大市场需求等方式，为 GDP 的增长贡献了更多的增量。

国家统计局统计数据显示，民营经济在 GDP 中的占比已经超过一半，且呈现出逐年上升的趋势。这一数据充分说明了民营经济在推动经济增长方面的重要作用。

（二）民营经济对就业的贡献

民营经济在扩大就业方面的贡献同样显著。由于民营企业具有灵活性强、适应市场变化快等特点，因此在吸纳就业方面具有天然的优势。

首先，民营经济的发展为大量劳动力提供了就业机会。随着民营企业的

不断壮大和产业链的延伸，越来越多的劳动力得以进入就业市场，实现了就业的稳定增长。其次，民营经济在促进就业结构优化方面也发挥了重要作用。民营企业通过引进先进技术、推动产业升级等方式，提高了劳动力的技能水平和就业质量，使得就业结构更加合理和优化。此外，民营经济还为农村剩余劳动力转移提供了重要途径。通过发展农村工业、服务业等产业，民营企业吸纳了大量农村剩余劳动力，推动了城乡经济的协调发展。

国家统计局统计数据显示，民营经济在吸纳就业方面的贡献率已经超过八成，成为吸纳就业的主力军。这一数据充分说明了民营经济在扩大就业方面的重要作用。

（三）民营经济贡献的深层次原因

民营经济之所以能够对 GDP 和就业产生如此显著的贡献，其深层次原因主要有以下几点：

一是民营经济的灵活性和创新性。民营企业能够根据市场需求和变化迅速调整经营策略，通过创新技术和产品来适应市场变化，从而在市场竞争中占据优势地位。二是民营经济的市场导向性。民营企业以市场需求为导向，注重产品的质量和服务的提升，能够更好地满足消费者的需求，进而推动经济的发展。三是民营经济的激励机制。民营企业通过建立健全的激励机制，激发员工的积极性和创造力，使得企业能够持续保持活力和竞争力。

（四）民营经济面临的挑战与对策建议

尽管民营经济在 GDP 和就业方面做出了巨大贡献，但在实际发展过程中仍面临一些挑战，如融资难、市场准入门槛高、政策执行不到位等问题。针对这些挑战，提出以下对策建议：

一是加强政策扶持。政府应加大对民营企业的扶持力度，制定更加优惠的税收政策和融资政策，降低企业的经营成本。二是优化营商环境。政府应简化审批程序，降低市场准入门槛，为民营企业提供更加公平、透明的市场环境。三是加强人才培养和引进。政府和企业应共同加强人才培养和引进工作，提高民营企业的管理水平和创新能力。四是加强国际合作与交流。民营企业应积极参与国际竞争与合作，学习借鉴国际先进经验和技术，提升自身的国际竞争力。

二、民营企业在技术创新和产业升级中的作用

在当前的全球经济格局中，技术创新和产业升级已成为国家竞争力的重要体现。作为国民经济的重要组成部分，民营企业在技术创新和产业升级中发挥着不可替代的作用。

（一）民营企业是技术创新的重要主体

技术创新是推动产业升级的核心动力，而民营企业作为市场经济的主体，具有敏锐的市场洞察力和灵活的决策机制，这使得它们在技术创新方面具备天然的优势。一方面，民营企业能够紧密跟踪市场需求的变化，及时捕捉技术创新的机会。另一方面，它们能够根据市场反馈快速调整创新策略，降低创新风险。

在实践中，许多民营企业通过自主研发、合作创新等方式，成功开发出了一批具有市场竞争力的新产品、新技术，不仅提升了自身的竞争力，也为整个行业的技术进步和产业升级做出了贡献。例如，在新能源、智能制造等领域，一些民营企业凭借领先的技术和创新能力，迅速崛起成为行业的佼佼者。

（二）民营企业是推动产业升级的重要力量

产业升级是经济发展的必然趋势，而民营企业作为经济发展的重要引擎，是推动产业升级的重要力量。一方面，民营企业通过引进先进技术、改造传统工艺、提高产品质量等方式，推动了产业链的升级和优化；另一方面，它们通过拓展新的产业领域、培育新的增长点，为产业升级注入了新的活力。

此外，民营企业在推动区域经济发展方面也发挥着重要作用。通过布局生产基地、建设产业园区等方式，民营企业带动了当地产业链的完善和产业集群的形成，促进了区域经济的协调发展。

（三）民营企业促进技术创新与产业升级的互动发展

技术创新和产业升级是相互促进、相互依存的关系。民营企业在这两个方面的积极作用并非孤立存在，而是相互促进、共同发展的。一方面，技术创新为产业升级提供了强大的动力和技术支撑；另一方面，产业升级又为技术创新提供了更广阔的市场空间和需求。

民营企业通过持续的技术创新，不断推动产品的升级换代和产业结构的优化调整，进而实现产业升级。同时，随着产业升级的深入推进，市场需求和技术水平也在不断提升，这为民营企业提供了更多的技术创新机会和更大的发展空间。这种技术创新与产业升级的互动发展，使得民营企业在经济发展中的地位和作用更加凸显。

（四）民营企业面临的技术创新与产业升级挑战

尽管民营企业在技术创新和产业升级中发挥着重要作用，但在实际过程中也面临着诸多挑战。首先，技术创新需要投入大量的研发资金和人力资源，而许多民营企业由于规模较小、资金有限，难以承担高额的研发成本。其次，技术创新具有高风险性，一旦失败可能导致企业面临巨大的经济损失甚至生存危机。此外，随着国内外市场竞争的加剧和技术壁垒的提高，民营企业在技术创新和产业升级方面的难度也在不断增加。

（五）促进民营企业在技术创新与产业升级中发挥更大作用的策略

为了充分发挥民营企业在技术创新和产业升级中的作用，需要政府、企业和社会各方共同努力。政府应加大对民营企业的扶持力度，提供税收优惠、融资支持等政策措施，降低企业的创新成本和风险。同时，加强知识产权保护力度，为民营企业创造一个公平、公正的创新环境。企业应加大研发投入，加强人才培养和引进，提高自身的创新能力和核心竞争力。此外，还应加强产学研合作，推动产业链上下游企业的协同创新，形成合力推动产业升级。

三、民营企业在国际竞争中的地位与影响

随着全球经济一体化的深入发展，国际竞争日益激烈。民营企业作为国民经济的重要组成部分，其在国际竞争中的地位与影响日益凸显。

（一）民营企业在国际竞争中的地位

民营企业在国际竞争中的地位主要体现在以下几个方面：

首先，民营企业是我国参与国际贸易的重要力量。随着对外开放的不断扩大，越来越多的民营企业开始走出国门，积极参与国际市场竞争。它们通过引进先进技术、优化产品结构、提高产品质量等方式，不断提升自身的国际竞争力，为我国的外贸发展做出了重要贡献。其次，民营企业在国际投资领域也扮演着重要角色。随着"一带一路"等倡议的推进，越来越多的民营企业开始走出国门，参与国际投资与合作。它们通过跨国并购、绿地投资等方式，拓展海外市场，实现资源的优化配置，推动了国际经济的合作与发展。此外，民营企业在国际技术创新和品牌建设方面也取得了显著成绩。一些具有创新能力的民营企业通过自主研发、合作创新等方式，取得了多项国际领先的科技成果，提升了我国在国际技术领域的地位。同时，一些民营企业还注重品牌建设，通过提升产品品质、加强市场营销等手段，树立了良好的国际形象，提升了我国产品的国际竞争力。

（二）民营企业在国际竞争中的影响

民营企业在国际竞争中的影响主要体现在以下几个方面：

首先，民营企业的发展推动了我国经济的全球化进程。通过积极参与国际市场竞争和国际投资与合作，民营企业推动了我国经济的对外开放和全球

化发展，为我国经济的持续增长提供了强大的动力。其次，民营企业的国际化发展促进了我国产业结构的优化升级。通过引进国外先进技术和管理经验，民营企业推动了我国传统产业的改造升级和新兴产业的培育发展，提升了我国产业的国际竞争力。此外，民营企业的国际化发展还为我国创造了大量的就业机会和外汇收入。通过拓展海外市场和增加出口，民营企业为我国创造了更多的就业机会和外汇收入，缓解了国内就业压力，促进了经济的稳定增长。

（三）民营企业在国际竞争中面临的挑战与机遇

虽然民营企业在国际竞争中取得了一定的地位和影响，但也面临着诸多挑战和机遇。

挑战方面，民营企业需要面对国际市场的激烈竞争、贸易保护主义的抬头、汇率波动等风险。同时，国际市场的法律法规、文化差异等也给民营企业的国际化发展带来了一定的困难。

机遇方面，随着全球经济一体化的深入发展，国际市场需求不断扩大，为民营企业的国际化发展提供了广阔的空间。同时，我国政府也出台了一系列支持民营企业发展的政策措施，为民营企业的国际化发展提供了有力的保障。

（四）提升民营企业在国际竞争中的地位与影响的策略

为了进一步提升民营企业在国际竞争中的地位与影响，需要采取以下策略：

首先，加强政策扶持和引导。政府应加大对民营企业的扶持力度，制定更加优惠的税收、融资等政策，降低企业的运营成本。同时，加强国际经贸合作与交流，为民营企业提供更多的国际合作机会。其次，提升民营企业的创新能力和技术水平。鼓励民营企业加大研发投入，加强技术创新和人才培养，提高企业的核心竞争力。同时，推动产学研用深度融合，促进科技成果的转化和应用。此外，加强品牌建设和市场拓展。鼓励民营企业加强品牌建设，提升产品质量和服务水平，树立良好的企业形象。同时，积极开拓国际市场，拓展海外销售渠道，提高产品的国际市场份额。最后，加强风险管理和应对能力。民营企业应建立健全风险管理体系，加强对国际市场的风险评估和预警机制建设。同时，提高企业对外部环境的适应能力和应变能力，确保在国际竞争中保持稳健的发展态势。

四、民营企业对国家经济发展的战略意义

民营企业作为我国经济的重要组成部分，在推动国家经济发展、促进社会进步方面发挥着不可替代的作用。它们不仅是经济增长的重要引擎，还是技术创新的主要力量，更是就业和社会稳定的重要保障。

（一）民营企业是经济增长的重要引擎

民营企业在经济增长中扮演着至关重要的角色。它们凭借敏锐的市场洞察力和灵活的经营机制，能够迅速捕捉市场机遇，推动经济的快速增长。同时，民营企业通常具有较高的创新能力和适应性，能够不断推出新产品、新技术，满足市场需求，推动产业升级和经济发展。

此外，民营企业在拓展国际市场方面也发挥着重要作用。随着全球化的深入发展，越来越多的民营企业开始走出国门，参与国际竞争，为我国的外贸发展注入了新的活力。它们的国际化发展不仅提升了我国经济的国际影响力，还为我国经济的持续增长提供了强大的动力。

（二）民营企业是技术创新的主要力量

技术创新是推动经济发展的核心动力，而民营企业在技术创新方面发挥着重要作用。由于民营企业通常面临着激烈的市场竞争，因此它们更加注重技术创新和产品研发，以提升自身的竞争力。许多民营企业通过自主研发、合作创新等方式，取得了多项重大技术突破和创新成果，为我国的技术进步

和产业升级做出了重要贡献。同时，民营企业还积极引进国外先进技术和管理经验，推动我国经济的转型升级。它们通过消化吸收再创新的方式，将国外先进技术转化为适合我国国情的生产力，推动了我国经济的持续健康发展。

（三）民营企业是就业和社会稳定的重要保障

民营企业是吸纳就业的重要渠道。随着经济的发展和产业结构的调整，就业压力逐渐增大。而民营企业凭借其灵活的经营机制和广泛的市场覆盖，能够为社会提供大量的就业机会。特别是在一些劳动密集型产业和服务业领域，民营企业更是吸纳就业的主力军。它们的发展不仅缓解了就业压力，还为社会稳定提供了重要保障。

此外，民营企业还通过参与社会公益事业、履行社会责任等方式，积极回馈社会。它们通过捐款捐物、扶贫济困等方式，帮助弱势群体改善生活条件，促进社会和谐稳定。

（四）民营企业是优化经济结构的重要推手

民营企业在优化经济结构方面发挥着重要作用。它们通过调整产业结构、推动产业升级、发展新兴产业等方式，推动经济结构的优化和升级。同时，民营企业还积极参与区域经济发展，推动区域经济的协调发展和产业升级。此外，民营企业还通过参与混合所有制改革、推动国有企业改革等方式，促进经济体制的完善和市场机制的健全。它们的参与不仅增强了市场的活力和竞争力，还推动了经济的高质量发展。

（五）民营企业是激发市场活力的重要源泉

民营企业具有天然的市场属性和竞争意识，它们的存在和发展能够激发市场的活力和创造力。通过参与市场竞争，民营企业能够推动市场的开放和透明，促进资源的优化配置和高效利用。同时，它们还能够推动政府简政放权、优化营商环境等改革措施的落实，为经济发展创造更加宽松和有利的环境。

（六）民营企业是促进国家竞争力提升的关键力量

在全球经济一体化的大背景下，国家之间的竞争日益激烈。而民营企业在提升国家竞争力方面发挥着关键作用。它们通过参与国际市场竞争、推动技术创新和产业升级、提升产品和服务质量等方式，增强了我国产业的国际竞争力。同时，它们还通过拓展海外市场、加强国际经贸合作等方式，推动了我国经济的国际化发展。

第三章 数字化时代的民营企业创新

第一节 创新在数字经济中的角色

一、创新驱动数字经济发展的重要性

随着信息技术的迅猛发展，数字经济已成为全球经济发展的重要引擎。在这个数字化浪潮中，创新扮演着至关重要的角色。创新驱动数字经济发展，不仅有助于提升国家竞争力，还能推动社会进步和民生改善。

（一）创新是数字经济发展的核心动力

创新是引领发展的第一动力，对于数字经济而言更是如此。数字经济以数据为核心资源，通过大数据、云计算、人工智能等先进技术的融合应用，实现经济社会的数字化转型。在这一过程中，创新是推动数字经济持续发展的核心动力。

首先，技术创新为数字经济提供了源源不断的动力。在数字经济领域，技术的更新换代速度极快，新的技术不断涌现，为数字经济发展提供了广阔的空间。例如，人工智能、区块链、物联网等前沿技术的突破和应用，为数字经济注入了新的活力，推动了产业的升级和转型。其次，模式创新为数字

经济拓展了发展路径。在数字经济时代，传统的商业模式和业态正在发生深刻变革。以共享经济、平台经济为代表的新模式，通过整合线上线下资源，打破了传统产业的边界，为数字经济发展提供了新的增长点。

（二）创新有助于提升数字经济的质量和效益

创新不仅能够推动数字经济的快速增长，还能提升数字经济的质量和效益。

一方面，创新有助于提升数字经济的附加值。通过技术创新和模式创新，数字经济能够开发出更具竞争力的产品和服务，满足市场多样化、个性化的需求。这不仅能够提升数字经济的附加值，还能推动产业向高端化、智能化方向发展。另一方面，创新有助于优化数字经济的产业结构。在创新驱动下，数字经济能够加速传统产业的数字化转型，推动新旧动能转换。同时，新兴产业的快速发展也将为数字经济注入新的活力，促进产业结构的优化升级。

（三）创新是提升国家竞争力的关键

在全球经济一体化和数字经济快速发展的背景下，国家之间的竞争愈发激烈。创新作为提升国家竞争力的关键因素，对于数字经济发展尤为重要。

首先，创新有助于提升国家在全球数字经济领域的地位。通过加强自主创新和技术研发，我国能够在全球数字经济领域取得更多的话语权和影响力，提升国家在全球经济治理体系中的地位。其次，创新有助于增强国家的经济实力和综合国力。数字经济的发展已经成为国家经济实力的重要体现。通过创新推动数字经济的发展，能够增强国家的经济实力和综合国力，提升国家的国际竞争力。

（四）创新有助于推动社会进步和民生改善

数字经济的发展不仅关乎国家经济竞争力，还与社会进步和民生改善息息相关。创新在推动数字经济发展的同时，也将为社会进步和民生改善带来积极影响。

一方面，创新能够提升社会服务水平。通过大数据、云计算等技术的应用，数字经济能够优化公共服务流程，提高服务效率和质量。例如，智慧城市、在线医疗等数字化服务的普及，为民众提供了更加便捷、高效的服务体验。另一方面，创新能够带动就业和创业。数字经济的发展催生了大量新兴产业和就业岗位，为民众提供了更多的就业和创业机会。同时，数字经济的灵活性和包容性也为创业者提供了更加广阔的空间和可能性。

（五）创新驱动数字经济发展的未来展望

展望未来，创新驱动数字经济发展将呈现出更加广阔的发展前景。

首先，技术创新将持续推动数字经济发展。随着人工智能、量子计算等前沿技术的突破和应用，数字经济的发展将迎来更加广阔的发展空间。其次，模式创新将不断催生新业态和新模式。在数字经济时代，商业模式的创新和变革将成为常态。新的商业模式和业态将不断涌现，为数字经济发展注入新的活力。最后，数字经济与实体经济的深度融合将成为发展趋势。数字经济将与传统产业深度融合，推动实体经济的数字化转型和智能化升级。这将有助于提升整个经济体系的效率和竞争力，推动经济的高质量发展。

二、数字经济下创新的特征与趋势

在数字经济的大背景下，创新展现出了一系列新的特征和趋势，为经济社会的持续发展注入了强大的动力。

（一）数字经济下创新的特征

在数字经济时代，技术创新成为推动经济社会发展的关键力量。新兴技术如人工智能、大数据、云计算、物联网等的快速发展，为创新提供了强大的技术支持。这些技术的融合应用，不仅推动了传统产业的转型升级，还催生了众多新兴产业和业态，为经济发展注入了新的活力。数字经济打破了传统产业的边界，使得不同领域之间的融合成为可能。跨界融合不仅推动了技术和产业的深度融合，还促进了商业模式和组织形式的创新。通过跨界融合，企业能够整合不同领域的资源和优势，实现优势互补和协同发展，提升创新能力和市场竞争力。

在数字经济时代，用户不再仅仅是产品或服务的接受者，而是成为了创新的重要参与者。企业开始注重与用户进行互动和合作，共同创造价值。用户参与和共创不仅有助于企业更好地了解市场需求和用户需求，还能够激发用户的创新潜能，推动产品和服务的持续改进和优化。

数字经济强调开放和共享，这为创新提供了更加广阔的空间和可能性。开放共享的理念推动了资源的优化配置和高效利用，促进了知识的传播和共享。通过开放共享，企业能够获取更多的创新资源和信息，提升创新能力；同时，也能够促进不同企业和机构之间的合作和交流，共同推动创新的发展。

（二）数字经济下创新的趋势

随着人工智能、机器学习等技术的不断发展，创新过程将越来越智能化和自动化。智能算法和机器学习技术能够自动处理和分析大量数据，发现新的规律和趋势，为创新提供有力的支持。同时，自动化技术的应用也将提高创新效率和质量，降低创新成本。

在数字经济时代，用户需求变得更加多样化和个性化。为了满足这些需求，企业开始注重定制化和个性化创新。通过运用大数据和人工智能技术，企业能够精准地了解用户的需求和偏好，为用户提供个性化的产品和服务。这种定制化和个性化创新不仅能够提升用户体验和满意度，还能够增强企业的市场竞争力。

在数字经济时代，企业之间的合作和交流变得更加紧密和频繁。协同创新和开放创新成为推动创新发展的重要方式。通过与其他企业或机构进行合作，企业能够共享资源、知识和技术，共同推动创新的发展。同时，开放创新也能够吸引更多的外部创新资源和人才，为企业的创新提供更多的支持。

随着全球环境问题的日益严重，绿色创新和可持续发展成为创新的重要方向。在数字经济时代，企业开始注重将环保和可持续发展理念融入创新过程中，推动绿色技术的研发和应用。通过绿色创新，企业不仅能够降低环境污染和资源消耗，还能够提升企业的社会责任感和品牌形象。

三、民营企业创新在数字经济中的地位

随着数字经济的迅猛发展，创新已成为推动其前行的核心动力。在这个过程中，民营企业凭借其敏锐的市场洞察力和高效的运营机制，成为数字经济创新的重要力量。

（一）民营企业是数字经济创新的主力军

民营企业作为市场经济的重要主体，具有灵活的经营机制和敏锐的市场洞察力。在数字经济时代，民营企业能够迅速捕捉市场机遇，通过创新产品和服务来满足消费者的多元化需求。同时，民营企业还能够在技术创新、商业模式创新等方面发挥重要作用，推动数字经济的快速发展。

首先，在技术创新方面，民营企业通过自主研发和技术合作等方式，不断提升自身的技术水平，为数字经济提供强有力的技术支撑。许多民营企业在人工智能、大数据、云计算等领域取得了显著成果，为数字经济的创新发展提供了重要支撑。

其次，在商业模式创新方面，民营企业凭借其敏锐的市场洞察力和高效的运营机制，能够创造出更具竞争力的商业模式。例如，一些民营企业通过搭建平台、整合资源等方式，实现了线上线下的融合，为消费者提供了更加便捷、高效的服务体验。这些商业模式的创新不仅提升了企业的竞争力，也推动了数字经济的繁荣发展。

（二）民营企业创新推动数字经济产业升级

数字经济的核心是数据资源，而数据的收集、处理和应用则需要依靠先

进的技术和创新的商业模式。民营企业通过创新，能够推动数字经济产业的升级和转型。

一方面，民营企业通过技术创新，推动数字经济产业向高端化、智能化方向发展。例如，一些民营企业在人工智能、物联网等领域取得突破，为智能制造、智慧物流等产业提供了有力支持。这些技术的应用不仅提高了生产效率，也降低了运营成本，推动了产业的升级。

另一方面，民营企业通过商业模式创新，推动数字经济产业与传统产业的深度融合。例如，一些民营企业通过搭建电商平台、开展跨境电商等方式，将传统产业与数字经济相结合，实现了产业的转型升级。这种深度融合不仅拓展了传统产业的市场空间，也提升了数字经济产业的附加值。

（三）民营企业创新促进数字经济生态系统完善

数字经济是一个复杂的生态系统，需要各方共同参与和协作。民营企业作为数字经济生态系统中的重要一员，通过创新能够促进生态系统的完善和发展。

首先，民营企业通过技术创新和商业模式创新，为数字经济生态系统提供了丰富的产品和服务。这些产品和服务不仅满足了消费者的需求，也为其他企业提供了更多的合作机会和商业模式选择。

其次，民营企业通过与其他企业的合作和交流，推动了数字经济生态系统中的资源共享和优势互补。例如，一些民营企业与大型企业、科研机构等建立合作关系，共同开展技术研发和市场推广等活动，实现了资源的优化配置和高效利用。

最后，民营企业还通过参与行业标准和规范的制定，推动了数字经济生态系统的规范化和健康发展。这些标准和规范的制定不仅有助于提升整个行业的竞争力，也为企业的创新和发展提供了更好的环境和条件。

（四）民营企业创新助力数字经济国际竞争力提升

在全球数字经济快速发展的背景下，国际竞争日趋激烈。民营企业通过创新，能够提升我国在全球数字经济领域的地位和影响力。

一方面，民营企业的技术创新能够提升我国在全球数字经济领域的技术水平和话语权。通过自主研发和技术创新，民营企业能够掌握核心技术和关键知识产权，为我国在全球数字经济领域取得更多的话语权和影响力提供有力支撑。另一方面，民营企业的商业模式创新能够推动我国数字经济产业的国际化发展。通过搭建国际化平台、开展跨国合作等方式，民营企业能够拓展海外市场，提升我国数字经济产业的国际竞争力。

四、创新对提升民营企业竞争力的作用

在全球化竞争日益激烈的今天，创新已成为企业提升竞争力的核心要素。对于民营企业而言，创新更是其实现可持续发展、突破市场壁垒、提升竞争力的关键所在。

（一）创新推动民营企业技术升级与产品优化

技术创新是民营企业提升竞争力的基础。通过持续的技术研发和创新，民营企业能够开发出更加先进、高效的产品和服务，满足市场的多元化需求。同时，技术创新还能够提升企业的生产效率和质量，降低成本，增强企业的市场竞争力。

产品优化是技术创新的重要体现。民营企业通过深入了解市场需求和消费者偏好，对产品进行持续迭代和优化，提升产品的性能和用户体验。这种产品优化不仅能够增强消费者对品牌的忠诚度，还能够为企业带来更多的市场机会和竞争优势。

（二）创新促进民营企业商业模式变革与市场拓展

商业模式创新是民营企业提升竞争力的关键。传统的商业模式往往难以满足市场的快速变化和消费者的个性化需求。因此，民营企业需要不断探索新的商业模式，以适应市场的变化和满足消费者的需求。

通过商业模式创新，民营企业能够打破传统的行业壁垒，拓展新的市场空间。例如，一些民营企业通过搭建电商平台、开展跨境电商等方式，实现了线上线下的融合，拓展了销售渠道和市场份额。这种商业模式创新不仅提升了企业的盈利能力，也为企业带来了更多的发展机会。

（三）创新提升民营企业品牌形象与市场影响力

创新是提升民营企业品牌形象的重要手段。通过技术创新和产品优化，民营企业能够打造出独特的产品特点和竞争优势，提升品牌的市场认知度和美誉度。同时，商业模式创新也能够为企业树立独特的品牌形象，增强品牌的市场影响力。

市场影响力的提升有助于民营企业在激烈的市场竞争中脱颖而出。一个具有创新精神和创新能力的企业，往往能够吸引更多的消费者和合作伙伴，从而获得更多的市场机会和资源。这种市场影响力的提升不仅能够提升企业的销售业绩和市场份额，还能够为企业的长期发展奠定坚实的基础。

（四）创新增强民营企业的抗风险能力与可持续发展能力

在快速变化的市场环境中，创新能够帮助民营企业更好地应对各种风险和挑战。通过技术创新和商业模式创新，民营企业能够开发出更加灵活、适应性更强的产品和服务，以应对市场的变化和不确定性。同时，创新还能够提升企业的运营效率和管理水平，降低企业的经营风险。

可持续发展是企业长期发展的重要保障。创新能够推动民营企业实现绿色、低碳、循环的发展模式，提升企业的环保和社会责任形象。同时，创新还能够为企业带来新的增长点和发展动力，推动企业实现可持续发展。

（五）创新促进民营企业人才队伍建设与知识管理

创新需要人才的支持和推动。民营企业通过创新活动，能够吸引和培养一批具有创新精神和实践能力的人才，为企业的发展提供有力的人才保障。同时，创新还能够促进企业内部的知识共享和传承，提升企业的知识管理水平和核心竞争力。

第二节　民营企业的创新现状与挑战

一、民营企业创新的现状与成果

在当今快速发展的经济环境下，民营企业作为国家经济的重要组成部分，其创新能力与成果备受关注。随着国家对创新政策的持续推动和市场机制的逐步完善，民营企业创新呈现出蓬勃发展的态势。

（一）民营企业创新的现状

随着市场竞争的加剧和技术的快速发展，越来越多的民营企业开始意识到创新的重要性。它们纷纷加大研发投入，积极引进和培养创新型人才，努力打造具有自主知识产权的核心技术。同时，民营企业还通过参加各种创新大赛、设立创新基金等方式，激发员工的创新热情，营造浓厚的创新氛围。在创新意识的驱动下，民营企业对创新的投入也在不断增加。许多企业纷纷设立研发机构，加强与高校、科研机构的合作，共同开展技术研发和创新活动。此外，民营企业还通过引进外资、发行债券等方式筹集资金，为创新活动提供有力的资金保障。

民营企业在创新过程中，不断探索适合自身发展的创新模式。除了传统的自主研发模式外，还出现了联合研发、技术引进、产学研合作等多种创新模式。这些模式不仅有助于民营企业快速获取先进技术，还能有效降低创新风险，提高创新成功率。

（二）民营企业创新的成果

在创新政策的推动下，民营企业取得了丰硕的技术成果。它们在新能源、新材料、生物医药、智能制造等领域取得了一系列重要突破，为我国经济的转型升级提供了有力支撑。同时，民营企业还通过技术创新，提高了产品的质量和性能，增强了市场竞争力。民营企业注重产品创新，通过市场调研和消费者需求分析，开发出了一系列具有竞争力的新产品。这些产品不仅满足了消费者的多样化需求，还为企业带来了丰厚的利润。同时，民营企业还通过产品创新，提升了品牌形象和市场地位，为企业的长远发展奠定了坚实基础。

在商业模式创新方面，民营企业同样取得了显著成果。它们通过探索新的商业模式，实现了线上线下的融合，为消费者提供了更加便捷、高效的服务体验。此外，民营企业还通过跨界合作、产业链整合等方式，打造了全新的商业生态系统，为企业的持续发展注入了新的活力。通过创新，民营企业的市场竞争力得到了显著提升。具有创新能力的民营企业能够更好地适应市场变化，抓住市场机遇，实现快速发展。同时，创新还能够帮助民营企业拓展新的市场空间，提高市场份额，增强企业的盈利能力。

（三）民营企业创新面临的挑战与对策

尽管民营企业在创新方面取得了显著成果，但仍面临一些挑战。首先，创新投入仍然不足，部分民营企业由于资金、人才等资源的限制，难以持续开展创新活动。其次，创新环境有待改善，包括政策扶持、知识产权保护等方面的问题仍需解决。此外，创新风险也是民营企业需要关注的重要问题。

针对这些挑战，民营企业应采取以下对策：一是加大创新投入，积极引进和培养创新型人才，提高创新能力；二是加强与政府、高校、科研机构的合作，共同开展技术研发和创新活动；三是加强知识产权保护，维护企业的合法权益；四是建立完善的风险管理机制，降低创新风险。

二、民营企业创新面临的主要挑战

在全球化竞争和快速变化的市场环境下，创新已经成为民营企业实现可持续发展和提升竞争力的关键所在。然而，尽管许多民营企业已经开始注重创新，但在实际操作过程中仍然面临着诸多挑战。

（一）资金短缺与融资难

资金是民营企业创新的重要支撑，但资金短缺和融资难却是许多民营企业在创新过程中面临的首要挑战。由于民营企业规模相对较小，信用评级较低，往往难以从银行等传统金融机构获得足够的贷款支持。此外，创新活动本身具有高风险性和不确定性，这也使得许多投资者对民营企业的创新项目持谨慎态度。资金短缺不仅限制了民营企业在研发、人才引进和市场推广等方面的投入，还可能导致创新项目中途夭折，无法取得预期成果。

（二）人才匮乏与团队建设难

创新活动需要一支具备高度专业知识和创新能力的人才队伍。然而，由于民营企业在薪酬待遇、职业发展等方面往往无法与大型企业相抗衡，导致人才流失和团队建设困难。许多优秀的创新人才更倾向于选择大型企业或外资企业，这使得民营企业在吸引和留住人才方面面临巨大挑战。同时，由于民营企业内部管理和激励机制不完善，也可能导致创新团队内部出现矛盾和分裂，影响创新活动的顺利进行。

（三）技术瓶颈与研发能力不足

技术创新是民营企业创新的核心内容，但许多民营企业在技术研发方面面临着技术瓶颈和研发能力不足的问题。一方面，由于民营企业缺乏足够的技术积累和研发经验，难以在关键技术领域取得突破；另一方面，由于创新活动需要投入大量的研发资金和人力资源，而民营企业往往难以承担这样的投入。这些因素都限制了民营企业在技术创新方面的能力，使得它们难以在激烈的市场竞争中脱颖而出。

（四）市场不确定性与风险高

创新活动往往伴随着较高的市场不确定性和风险。民营企业在创新过程中需要面对市场需求变化、竞争对手策略调整、政策环境变动等多种不确定因素。这些因素可能导致创新项目的市场前景不明朗，甚至可能导致创新失败。同时，创新活动本身也具有高风险性，一旦失败，企业可能面临巨大的经济损失和声誉风险。这种高风险性使得许多民营企业在创新过程中犹豫不决，难以做出决策。

（五）知识产权保护不力

知识产权保护是民营企业创新的重要保障。然而，由于我国在知识产权保护方面仍存在一些不足，导致许多民营企业的创新成果被侵权或盗用。这不仅损害了企业的经济利益，也打击了企业的创新积极性。同时，由于知识产权维权成本高昂、程序烦琐，许多民营企业在面对侵权行为时往往选择放弃维权，这无疑加剧了知识产权保护不力的问题。

（六）内部管理与创新文化缺失

民营企业在创新过程中还需要面对内部管理与创新文化缺失的挑战。许多民营企业缺乏完善的创新管理体系和激励机制，导致创新活动难以得到有效组织和管理。同时，由于创新需要一种开放、包容、协作的文化氛围，而许多民营企业内部存在官僚主义、保守主义等不良文化现象，这些都不利于创新活动的开展。

（七）政策环境不稳定与信息不对称

政策环境的不稳定和信息不对称也是民营企业创新面临的挑战之一。政府对创新的政策支持和引导对于民营企业来说至关重要，但政策的不稳定性和频繁变动可能给企业带来困扰。此外，由于信息不对称，民营企业往往难以获取关于市场需求、技术趋势等方面的准确信息，这增加了创新决策的难度和风险。

三、民营企业创新能力的评估与提升

在当前全球化和市场竞争日益激烈的环境下，创新能力已成为民营企业生存与发展的核心要素。提升创新能力不仅有助于民营企业突破市场壁垒，增强竞争力，还能为其可持续发展提供源源不断的动力。因此，对民营企业创新能力的评估与提升显得尤为重要。

（一）民营企业创新能力的评估

研发投入强度是衡量企业创新能力的关键指标之一。通过计算企业研发投入占营业收入的比例，可以初步判断其在创新方面的投入力度。一般而言，研发投入强度越高，说明企业对创新的重视程度越高，创新能力也相对较强。专利是企业创新成果的重要体现。专利拥有量及质量可以反映企业在技术研发和知识产权保护方面的能力。通过对企业专利的申请数量、授权数量、专利类型等进行分析，可以评估企业的创新实力。

新产品的开发与市场推广是企业创新能力的重要体现。通过对企业新产品推出速度、市场接受度、销售额等指标进行考察，可以评估其在产品创新和市场开拓方面的能力。创新管理体系与激励机制是保障企业创新能力持续发展的重要因素。通过对企业创新管理体系的完善程度、激励机制的有效性等进行评估，可以判断其在创新管理方面的水平。

（二）民营企业创新能力的提升策略

民营企业应加大对研发的投入力度，提高研发投入占营业收入的比例。通过设立专项研发资金、引进先进研发设备和技术、加强与高校、科研机构的合作等方式，提升企业的创新能力。民营企业应重视专利布局和知识产权保护工作。通过加强专利申请和维权意识、完善知识产权管理制度、提高专利质量，保护企业的创新成果。同时，企业还应积极参与行业标准制定和技术交流活动，提升行业影响力。

民营企业应加快新产品的开发与市场推广步伐。通过深入了解市场需求和消费者偏好，不断推出具有市场竞争力的新产品。同时，加强产品品牌建设和市场推广力度，提高产品的知名度和美誉度。民营企业应完善创新管理体系和激励机制。通过建立健全创新管理机制，明确创新目标和责任，加强创新过程的监控和评估。同时，设立创新奖励制度，激发员工的创新热情和积极性。

人才是企业创新的核心。民营企业应积极引进和培养创新人才，通过设立人才引进计划、开展培训活动等方式，吸引和留住优秀的创新人才。同时，建立良好的人才激励机制，为创新人才提供广阔的发展空间。民营企业应积极拓展创新合作与交流渠道。通过与其他企业、高校、科研机构等建立战略合作关系，共同开展技术研发和创新活动。同时，积极参与国际交流与合作，引进国际先进技术和管理经验，提升企业的创新能力。

四、民营企业创新环境的优化与改进

在当前经济全球化和科技快速发展的背景下，创新已成为民营企业发展的核心驱动力。然而，创新并非易事，它需要一个良好的环境来支持、鼓励和引导。因此，优化和改进民营企业创新环境显得尤为重要。

（一）政策环境的优化

政策环境是影响民营企业创新的关键因素之一。政府应加大对民营企业的创新支持，通过制定和实施一系列优惠政策，降低企业创新成本，激发创新活力。例如，设立创新基金，对符合条件的创新项目给予资金支持；实施税收优惠政策，减轻企业税负，增加研发投入；加强知识产权保护，保护企业的创新成果，提高创新积极性。

此外，政府还应加强政策宣传和解读，确保企业能够充分了解并享受到政策红利。同时，建立健全政策评估机制，对政策实施效果进行定期评估，及时调整和优化政策内容，以适应市场变化和企业发展需求。

（二）市场环境的改进

市场环境是民营企业创新的重要外部条件。为了优化市场环境，政府应加强市场监管，维护公平竞争的市场秩序。通过打击不正当竞争行为，防止市场垄断和滥用市场支配地位，为民营企业提供公平的发展机会。

同时，政府还应加强市场信息的公开透明，建立健全市场信息服务体系，为企业提供及时、准确的市场信息，降低企业获取信息的成本。此外，加强行业协会、中介机构等组织的建设，发挥其桥梁纽带作用，促进企业间的交流与合作，推动行业创新发展。

（三）人才环境的提升

人才是企业创新的核心要素。为了提升人才环境，政府应加大对创新人才的培养和引进力度。通过实施人才培养计划，鼓励高校、科研机构与企业合作，培养具有创新精神和实践能力的人才。同时，放宽人才引进政策，吸引海外高层次人才回国创业创新。

此外，企业也应加强自身人才队伍建设。通过完善内部激励机制，提高员工创新积极性；加强员工培训和教育，提升员工的专业素质和创新能力；建立良好的企业文化，营造鼓励创新、包容失败的创新氛围。

（四）金融服务环境的改善

金融服务是民营企业创新的重要保障。为了改善金融服务环境，政府应推动金融机构加大对民营企业的信贷支持力度。通过完善信贷政策，降低企业融资成本，提高融资效率。同时，鼓励金融机构创新金融产品和服务，满足企业多样化的融资需求。

此外，还应加强资本市场建设，为企业提供更多融资渠道。通过发展多层次资本市场，降低企业上市门槛，增加上市公司数量，提高市场活跃度。同时，加强市场监管和风险防范，保障资本市场健康稳定发展。

（五）企业内部环境的完善

企业内部环境是影响创新的关键因素之一。为了完善企业内部环境，企业应建立健全创新管理制度和激励机制。通过制定明确的创新目标和计划，明确各部门的创新职责和任务；建立科学的评估体系，对创新成果进行公正、客观的评价；实施有效的激励措施，激发员工的创新热情和积极性。

同时，企业还应加强内部沟通与协作，促进信息的流通和共享。通过加强团队建设，提高员工的凝聚力和向心力；建立开放、包容的企业文化，鼓励员工提出新想法、新观点，为企业创新提供源源不断的动力。

第三节　数字技术在创新中的应用

一、数字技术在民营企业产品创新中的应用

随着信息技术的迅猛发展，数字技术已经成为推动民营企业产品创新的重要引擎。数字技术不仅能够帮助民营企业提升产品性能和质量，还能够优化生产流程、降低成本，从而增强企业的市场竞争力。

（一）数字技术在民营企业产品创新中的应用概述

民营企业作为市场经济的重要组成部分，其产品创新的成功与否直接关系到企业的生存和发展。数字技术的应用为民营企业产品创新提供了广阔的空间和可能性。具体而言，数字技术在民营企业产品创新中的应用主要体现

在以下几个方面：

数字技术能够辅助民营企业进行产品设计和研发。通过使用 CAD、CAE 等设计软件，实现产品的三维建模、仿真分析和优化设计。这不仅可以提高设计效率，还能够减少试制次数，降低成本。同时，数字技术还能够实现产品数据的共享和协同设计，提高团队之间的合作效率。

在产品制造和工艺优化方面，数字技术发挥着重要作用。通过引入数字化生产线、智能制造设备等技术，民营企业能够实现生产过程的自动化、精准化和柔性化。此外，数字技术还能够对制造过程进行实时监控和数据分析，帮助企业及时发现生产过程中的问题并进行优化调整。

数字技术为民营企业的产品营销和服务创新提供了有力支持。通过电商平台、社交媒体等数字渠道，企业能够更好地推广产品、扩大市场份额。同时，数字技术还能够实现客户数据的收集和分析，帮助企业深入了解客户需求和行为特征，从而提供更加精准的产品和服务。

（二）数字技术对民营企业产品创新的影响分析

数字技术的应用对民营企业产品创新产生了深远影响，主要体现在以下几个方面：

数字技术通过精确的设计、模拟和优化，能够显著提升产品的性能和质量。例如，利用仿真分析技术，企业可以在产品设计阶段就预测其在实际使用中的表现，从而提前发现并解决问题。此外，数字技术还能够实现产品质量的全程监控和追溯，确保产品质量的稳定性和可靠性。

数字技术通过自动化、精准化和柔性化的生产方式，能够优化生产流程，降低生产成本。自动化生产可以减少人工干预，提高生产效率；精准化生产可以减少材料浪费，降低生产成本；柔性化生产则能够适应市场需求的变化，减少库存积压。这些都有助于民营企业提高盈利能力，增强市场竞争力。

数字技术为民营企业提供了更加广阔的市场渠道和营销手段。通过电商平台、社交媒体等数字渠道，企业可以迅速拓展市场，吸引更多潜在客户。

同时，数字技术还能够实现精准营销和个性化服务，提升客户体验和满意度，进而提升品牌影响力。

数字技术的应用不仅提升了民营企业的产品创新能力，还促进了企业创新文化的形成。数字技术使企业能够更加便捷地获取信息和知识，激发员工的创新意识和创新精神。同时，数字技术还能够促进企业内部和外部的沟通与协作，推动跨界合作和资源共享，为企业创新提供更加广阔的空间和可能性。

二、数字技术在民营企业服务创新中的应用

随着信息技术的快速发展，数字技术已经成为推动民营企业服务创新的重要力量。数字技术的应用不仅提升了民营企业的服务效率和质量，还为企业创造了更多的商业机会和竞争优势。

（一）数字技术在民营企业服务创新中的应用概述

在数字化时代，民营企业面临着日益激烈的市场竞争和客户需求多样化的挑战。为了提升服务水平，满足客户需求，民营企业纷纷将数字技术应用于服务创新中。具体来说，数字技术在民营企业服务创新中的应用主要体现在以下几个方面：

数字技术的应用使得民营企业能够提供更加便捷、个性化的客户服务。通过构建客户服务平台，企业可以实时响应客户需求，提供快速、准确的服务支持。同时，利用大数据分析技术，企业可以深入挖掘客户行为和需求，为客户提供更加精准的产品推荐和解决方案。此外，数字技术还可以提升客户体验，例如通过虚拟现实、增强现实等技术，为客户创造沉浸式的购物和服务体验。

数字技术为民营企业的营销和市场推广带来了革命性的变化。通过社交媒体、搜索引擎等数字渠道，企业可以更加精准地定位目标客户，开展有针对性的营销活动。同时，利用数据分析工具，企业可以实时监测营销效果，

调整策略，提高营销效率。此外，数字技术还可以实现营销活动的自动化和智能化，降低营销成本，提高营销效果。

数字技术能够优化民营企业的供应链管理，提升供应链的协同效率。通过应用物联网、云计算等技术，企业可以实时监控供应链各个环节的运行情况，及时发现和解决问题。同时，数字技术还可以实现供应链信息的共享和协同，促进供应链上下游企业之间的合作与沟通，提高整个供应链的运营效率。

（二）数字技术对民营企业服务创新的影响分析

数字技术通过自动化、智能化的方式，提升了民营企业的服务效率和质量。例如，通过自助服务终端、智能客服等应用，企业能够快速响应客户需求，减少人工干预，提高服务效率。同时，数字技术还可以实现服务的精准化和个性化，满足客户的多样化需求，提升客户满意度。

数字技术为民营企业提供了更加广阔的服务渠道和市场空间。通过电商平台、社交媒体等数字渠道，企业可以将服务延伸到更广泛的客户群体中，实现服务的在线化和智能化。同时，数字技术还可以帮助企业拓展国际市场，实现全球化服务。

数字技术的应用有助于民营企业提升竞争力。通过优化服务流程、提升服务质量、拓展服务渠道等方式，企业可以吸引更多的客户，提高市场份额。同时，数字技术还可以帮助企业实现差异化竞争，通过提供独特的服务体验和价值，赢得客户的青睐。

（三）民营企业应用数字技术推动服务创新的挑战与对策

尽管数字技术在民营企业服务创新中发挥了重要作用，但在实际应用过程中仍面临一些挑战。为了充分发挥数字技术的优势，民营企业需要采取以下对策：

民营企业应加大对数字技术研发的投入，积极引进和培养具有数字技术背景和创新能力的人才。通过建立完善的研发体系和激励机制，激发员工的创新潜能，推动数字技术在服务创新中的应用。

数字技术的应用离不开数据的支持，因此民营企业需要建立完善的数据管理和信息安全体系。通过加强数据收集、存储和分析能力，确保数据的准确性和可靠性；同时加强信息安全防护，防止数据泄露和滥用。

民营企业可以积极与上下游企业、合作伙伴等开展协同合作，共同推动服务创新。通过共享资源、互通有无，实现优势互补，提升整个产业链的竞争力。

三、数字技术在民营企业管理创新中的应用

随着信息技术的迅猛发展，数字技术已经成为推动民营企业管理创新的重要力量。数字技术通过提供高效的数据处理、分析和管理能力，为民营企业带来了前所未有的管理变革和提升。

（一）数字技术在民营企业管理创新中的应用概述

数字技术在民营企业管理创新中的应用涉及多个方面，包括企业资源管理、决策支持系统、业务流程优化等。

数字技术通过构建企业资源管理系统，实现对企业资源的全面监控和合理配置。这些系统能够实时收集、分析和展示企业的各类资源信息，包括人力资源、物资资源、财务资源等，帮助管理者更好地掌握企业运营状况，做出科学的决策。数字技术为民营企业提供了强大的决策支持能力。通过数据挖掘、预测分析等技术手段，企业可以获取更加精准的市场信息和客户需求，为决策提供有力依据。同时，数字技术还可以构建模拟仿真系统，帮助管理者在决策前进行方案测试和评估，降低决策风险。

数字技术可以对民营企业的业务流程进行全面优化。通过引入自动化、智能化等技术手段，企业可以实现业务流程的简化、高效化和精准化。例如，通过构建自动化的办公系统，企业可以减少人工操作，提高工作效率；通过

引入智能化的供应链管理系统，企业可以实现供应链的实时监控和协同管理，提升供应链的运作效率。

（二）数字技术对民营企业管理创新的影响分析

数字技术在民营企业管理创新中的应用带来了诸多积极影响，主要体现在以下几个方面：

数字技术通过自动化、智能化的方式，提升了民营企业的管理效率。企业可以利用数字技术实现信息的快速传递和处理，减少人工干预和重复劳动，降低管理成本。同时，数字技术还可以优化管理流程，减少决策层级，提高决策效率。

数字技术为民营企业提供了大量的数据支持和分析工具，使得决策更加科学和准确。企业可以利用数字技术对市场趋势、客户需求等进行分析和预测，为决策提供有力依据。同时，数字技术还可以对决策方案进行模拟和测试，帮助管理者评估风险和效果，提高决策质量。

数字技术的应用有助于民营企业的创新发展。通过数字技术，企业可以更加便捷地获取外部资源和信息，拓宽创新视野和思路。同时，数字技术还可以为企业的产品和服务创新提供技术支持，推动企业不断推出新产品、新服务，满足市场需求。

四、数字技术在民营企业商业模式创新中的应用

随着信息技术的快速发展，数字技术已经成为推动民营企业商业模式创新的重要引擎。通过应用数字技术，民营企业能够重新构建其价值创造、传递和获取的方式，实现商业模式的转型升级。

（一）数字技术在民营企业商业模式创新中的应用概述

在数字化时代，民营企业的商业模式创新面临着新的挑战和机遇。数字技术通过改变企业与消费者、合作伙伴之间的关系，以及优化企业内部运营

流程，为商业模式创新提供了无限可能。

数字技术使得民营企业能够更紧密地与消费者进行互动和连接，实现消费者参与和共创。通过社交媒体、在线平台等渠道，企业可以收集消费者的反馈和意见，将其纳入产品或服务的改进中。同时，企业还可以邀请消费者参与产品或服务的开发过程，共同创造满足市场需求的新产品或服务。这种消费者参与和共创的商业模式创新，不仅提高了消费者的满意度和忠诚度，还为企业带来了更多的创新机会。

数字技术使得民营企业能够收集和分析大量的数据，从而实现数据驱动的决策与运营。通过大数据分析技术，企业可以深入了解消费者的行为、偏好和需求，精准定位目标市场，制定个性化的营销策略。同时，企业还可以利用数据对运营过程进行监控和优化，提高生产效率和降低成本。数据驱动的决策与运营使得民营企业的商业模式更加灵活和高效，能够更好地适应市场变化。

数字技术为民营企业构建平台化运营模式提供了技术支持。通过搭建在线平台，企业可以整合内外部资源，实现资源的共享和协同。同时，企业还可以借助平台吸引更多的合作伙伴和利益相关者，共同构建商业生态系统。平台化运营与生态构建使得民营企业的商业模式更加开放和包容，能够吸引更多的创新资源和合作机会。

（二）数字技术对民营企业商业模式创新的影响分析

数字技术帮助民营企业打破了传统市场的限制，拓展了市场机会。通过在线渠道和平台，企业可以触达更广泛的消费者群体，实现市场的快速扩张。同时，数字技术还使得企业能够提供更加个性化和便捷的服务，提升客户满意度和忠诚度，从而增强企业的竞争力。数字技术通过自动化、智能化等手段，提高了民营企业的运营效率。通过优化生产流程、降低库存成本等方式，企业可以降低运营成本，提高盈利能力。同时，数字技术还可以帮助企业实现精细化管理，提高决策效率和执行力。

数字技术为民营企业的创新提供了源源不断的动力。通过数据分析、人工智能等技术手段，企业可以深入挖掘市场潜力和消费者需求，推动产品或服务的创新升级。同时，数字技术还可以帮助企业实现绿色生产和可持续发展，降低对环境的影响，提高企业的社会责任感。

（三）民营企业应用数字技术推动商业模式创新的挑战与对策

尽管数字技术在民营企业商业模式创新中发挥了重要作用，但在实际应用过程中仍面临一些挑战。

民营企业应加大对数字技术研发投入的力度，积极引进和培养具有数字技术背景和创新能力的人才。通过构建完善的研发体系和激励机制，激发员工的创新潜能，推动数字技术在商业模式创新中的应用。

数字技术的应用离不开数据的支持，因此民营企业需要建立完善的数据管理和安全体系。通过加强数据收集、存储和分析能力，确保数据的准确性和可靠性；同时加强信息安全防护，防止数据泄露和滥用。

民营企业应积极与上下游企业、合作伙伴等开展协同合作，共同推动商业模式创新。通过共享资源、互通有无，实现优势互补，提升整个商业生态系统的竞争力。

第四节 创新对共同富裕的推动作用

一、创新在提升社会整体收入水平中的作用

创新，作为现代社会发展的核心驱动力，对于提升社会整体收入水平具有不可忽视的作用。从科技进步、产业升级到商业模式变革，创新都在深刻地改变着经济社会的面貌，为提升社会整体收入水平奠定了坚实的基础。

（一）创新推动科技进步，提高生产效率

科技进步是创新的重要表现形式之一，通过改进生产方式、提高生产效率，为社会整体收入水平的提升创造了有利条件。例如，自动化、智能化技术的应用，使得生产线上的工作效率大大提高，减少了人力成本，提高了产品质量和产量。这不仅为企业带来了更高的利润，也为员工创造了更多的就业机会和更好的工作条件，从而提升了社会整体收入水平。

此外，科技进步还推动了新兴产业的兴起，如互联网、人工智能、生物科技等。这些新兴产业的发展，为社会创造了大量的就业机会，吸引了大量的人才流入，推动了社会整体收入水平的提升。

（二）创新促进产业升级，优化经济结构

创新不仅推动了科技进步，还促进了产业升级和经济结构的优化。随着科技的不断发展，传统产业逐渐面临资源短缺、环境污染等问题，而创新则为产业升级提供了解决之道。通过引入新技术、新工艺和新材料，传统产业得以转型升级，提高了附加值和市场竞争力。同时，新兴产业的崛起也为经济增长注入了新的动力，推动了经济结构的优化和升级。

产业升级和经济结构的优化，使得社会资源配置更加合理高效，提高了整体经济效益。这不仅有助于提升企业的盈利能力，也为员工提供了更好的职业发展机会和更高的薪资待遇，从而促进了社会整体收入水平的提升。

（三）创新引领商业模式变革，拓展收入来源

商业模式创新是创新的又一重要方面，它通过改变企业的盈利模式、拓展收入来源，为提升社会整体收入水平提供了新的途径。在数字化、网络化的时代背景下，许多企业开始探索新的商业模式，如共享经济、平台经济等。这些新型商业模式通过整合社会资源、降低交易成本、提高服务效率，为消费者提供了更加便捷、高效的服务体验，同时也为企业创造了更多的盈利机会。

　　商业模式的创新不仅有助于提升企业的盈利能力，也为社会创造了更多的就业机会和收入来源。例如，共享经济模式使得闲置资源得到有效利用，降低了消费者的使用成本，同时也为提供者带来了额外的收入。平台经济则通过搭建在线平台，为供需双方提供了更加便捷的交易渠道，促进了市场的繁荣和发展。这些新型商业模式的兴起，为社会整体收入水平的提升注入了新的活力。

（四）创新提升人力资源价值，增强个人收入能力

　　创新不仅提升了社会整体的经济效益和产业结构，还提升了人力资源的价值，增强了个人的收入能力。随着科技的进步和产业的升级，对人才的需求也日益增长。具备创新精神、专业技能和综合素质的人才，在就业市场上更具竞争力，更容易获得高薪职位和更好的职业发展机会。

　　同时，创新也推动了教育的改革和发展。为了适应创新时代的需求，教育体系更加注重培养学生的创新思维和实践能力。这有助于提升整个社会的创新水平和人才质量，为提升社会整体收入水平提供了有力的人才保障。

（五）创新推动社会公平与共享，减少收入差距

　　创新在提升社会整体收入水平的同时，也有助于推动社会公平与共享，减少收入差距。通过创新，社会能够创造更多的就业机会和收入来源，使得更多的人能够分享到经济发展的成果。同时，创新也能够提高生产效率和资源利用效率，降低生产成本和交易成本，使得消费者能够享受到更加优质、实惠的产品和服务。这有助于减少社会贫富差距，实现更加公平、可持续的社会发展。

二、创新在缩小贫富差距中的贡献

　　在当今社会，贫富差距问题日益凸显，成为影响社会稳定和可持续发展的重大挑战。创新作为推动社会进步的重要力量，其在缩小贫富差距方面发

挥着不可忽视的作用。

（一）创新促进经济增长，扩大就业机会

创新是推动经济增长的关键因素之一。通过技术创新、产品创新和市场创新等手段，创新能够推动产业升级和结构调整，提高生产效率和经济效益。这种经济增长不仅带来了国家整体财富的增加，也为社会创造了更多的就业机会。就业机会的扩大使得更多人能够参与经济活动，分享经济增长的成果，从而有助于缩小贫富差距。

（二）创新提升教育资源质量，促进教育公平

教育是缩小贫富差距的重要途径之一。创新通过提升教育资源的质量和覆盖范围，促进了教育公平的实现。一方面，创新推动了教育技术的发展，使得优质教育资源得以更广泛地传播和共享。在线教育、远程教育等新型教育模式的出现，使得更多人能够享受到高质量的教育资源，提高了教育公平性。另一方面，创新也促进了教育内容的更新和教学方法的改革，使得教育更加符合时代需求和学生特点，提高了教育质量。这些都有助于缩小不同社会群体之间的教育差距，为缩小贫富差距奠定基础。

（三）创新推动社会保障体系完善，保障弱势群体权益

社会保障体系是缩小贫富差距的重要制度保障。创新通过推动社会保障体系的完善，保障了弱势群体的基本生活权益。一方面，创新推动了社会保障制度的改革和创新，使得社会保障制度更加符合社会发展和人民需求。例如，通过引入大数据、人工智能等技术手段，可以更精准地识别和管理社会保障对象，提高社会保障的效率和公平性。另一方面，创新也促进了社会保障资金的筹集和管理，保障了社会保障资金的可持续性和安全性。这些都有助于缩小不同社会群体之间的福利差距，减少贫困和不平等现象。

（四）创新促进农村发展，缩小城乡差距

城乡差距是贫富差距的重要表现之一。创新通过推动农村发展，有助于缩小城乡差距。一方面，创新推动了农业技术的升级和改造，提高了农业生产效率和质量。新型农业技术的应用使得农业生产更加高效、环保和可持续，为农民增加了收入来源。另一方面，创新也促进了农村产业结构的调整和升级，推动了农村经济的多元化发展。乡村旅游、农村电商等新兴产业的兴起，为农村经济发展注入了新的活力。这些都有助于缩小城乡之间的经济差距，减少农村贫困现象。

（五）创新增强个体能力，提升社会流动性

创新不仅为社会整体带来经济增长和就业机会，还通过提升个体能力，增强社会流动性，进而缩小贫富差距。创新为个体提供了更多的学习和发展机会，使得人们能够不断提升自身技能和知识水平，适应社会发展的需求。这种个体能力的提升使得人们更容易获得更好的工作机会和更高的收入，从而有助于改善个人和家庭的经济状况。同时，创新也促进了社会文化的多元发展，为人们提供了更多的发展路径和选择空间，增强了社会的包容性和开放性。这些都有助于提高社会流动性，使得更多人能够跨越社会阶层，实现个人价值的最大化。

（六）创新促进包容性增长，减少社会排斥

包容性增长是缩小贫富差距的重要目标之一。创新通过促进包容性增长，减少了社会排斥现象。包容性增长强调经济增长的普惠性和共享性，确保所有人都能从经济增长中受益。创新通过推动技术进步和产业升级，为弱势群体提供了更多的发展机会和参与经济活动的途径。同时，创新也促进了社会资源的合理分配和共享，减少了资源分配不均和社会排斥现象。这些都有助于实现更加公平、包容的社会发展，缩小贫富差距。

三、创新对优化资源配置与提高效率的影响

创新作为推动社会经济发展的核心驱动力，其在优化资源配置和提高效率方面发挥着至关重要的作用。随着科技的不断进步和产业的持续升级，创新已经成为现代社会发展的重要标志。

（一）创新推动技术进步，提升资源利用效率

技术进步是创新的重要体现，它能够通过改进生产方式、优化生产流程、提高产品质量等方式，显著提升资源的利用效率。例如，在制造业中，通过引入先进的自动化和智能化设备，企业可以实现生产过程的精准控制和高效运行，减少原材料的浪费和能源的消耗。同时，新技术的应用还可以促进产品的升级换代，提高附加值和市场竞争力，进一步推动资源的优化配置。

此外，创新还能够推动资源替代和循环利用，缓解资源短缺问题。随着环保意识的提高和可持续发展理念的深入人心，越来越多的企业开始探索资源的循环利用和替代方案。通过创新研发，企业可以开发出更加环保、高效的材料和工艺，降低对有限资源的依赖，实现资源的可持续利用。

（二）创新引领产业升级，优化产业结构布局

创新不仅是技术进步的重要推动力量，也是引领产业升级的关键所在。通过创新，企业可以开发出更符合市场需求的产品和服务，推动产业的转型升级。同时，创新还可以促进新兴产业的崛起和发展，为经济增长注入新的动力。

在产业升级的过程中，创新有助于优化产业结构布局，实现资源的优化配置。一方面，创新可以推动传统产业向高端化、智能化、绿色化方向发展，提高产业附加值和竞争力。另一方面，创新还可以促进新兴产业的快速发展，形成新的经济增长点，为经济发展注入新的活力。

（三）创新促进市场体系完善，提高资源配置效率

市场体系是资源配置的基础平台，其完善程度直接影响到资源配置的效率。创新通过推动市场体系的完善，有助于提高资源配置的效率。一方面，创新可以促进市场竞争的加剧，推动企业不断提高产品和服务质量，满足消费者多样化、个性化的需求。这种市场竞争的加剧有助于优化资源配置，使资源流向更加高效、优质的企业和领域。

另一方面，创新还可以推动市场体系的规范化和透明化。通过引入新的技术手段和管理模式，企业可以更精准地把握市场需求和变化，减少信息不对称和交易成本。同时，政府也可以通过创新手段加强市场监管和调控，维护市场秩序和公平竞争，为资源的优化配置提供有力保障。

（四）创新提升企业管理水平，增强资源配置能力

企业管理水平的高低直接影响到资源配置的效率和效果。创新通过提升企业管理水平，有助于增强企业的资源配置能力。一方面，创新可以推动企业管理理念和方法的更新和升级，使企业更加注重资源的节约和高效利用。通过引入现代企业管理理念和手段，企业可以更科学地制定生产计划、优化生产流程、降低生产成本，提高资源配置的效率。

另一方面，创新还可以提升企业的组织协调能力和创新能力。通过优化组织结构、完善激励机制、加强团队协作等方式，企业可以更高效地整合和利用内外部资源，实现资源的优化配置和高效利用。同时，企业的创新能力也是优化资源配置的重要支撑。通过不断创新研发，企业可以开发出更符合市场需求的产品和服务，拓展新的市场空间，为资源的优化配置提供更多可能性。

（五）创新推动社会协作与信息共享，提升整体效率

创新不仅发生在企业内部，也涉及整个社会协作体系的改进。通过引入

新的信息技术和平台，创新可以促进社会各部门之间的信息共享和协作，减少信息孤岛和重复劳动，提升整体效率。例如，云计算、大数据、人工智能等技术的应用，使得政府、企业、研究机构等能够更高效地共享数据资源，进行协同创新和决策，从而优化资源配置，提高社会整体效率。

四、创新在促进共同富裕中的长期影响与潜力

共同富裕作为社会主义的本质要求，是全体人民通过辛勤劳动和相互帮助最终达到丰衣足食的生活水平，也就是消除两极分化和贫穷基础上的普遍富裕。创新作为推动社会进步的重要力量，在促进共同富裕中发挥着长期的影响和巨大的潜力。

（一）创新驱动经济增长，奠定共同富裕的物质基础

创新是推动经济增长的核心动力，通过技术创新、产品创新、市场创新等方式，不断提升生产效率和经济效益，为共同富裕奠定坚实的物质基础。在创新驱动下，产业结构得到优化升级，新兴产业蓬勃发展，传统产业焕发新生，为经济持续增长提供了源源不断的动力。这种经济增长不仅带来了国家整体财富的增加，也为广大人民提供了更多的就业机会和收入来源，从而有助于缩小贫富差距，推动共同富裕的实现。

（二）创新提升教育质量，促进人力资源的均衡发展

教育是促进共同富裕的重要途径之一。创新通过提升教育质量，促进人力资源的均衡发展，为共同富裕提供有力的人才保障。一方面，创新推动了教育技术的革新，使得优质教育资源得以更广泛地传播和共享，缩小了城乡、区域之间的教育差距。另一方面，创新也促进了教育内容的更新和教学方法的改革，使得教育更加符合时代需求和学生特点，提高了人才培养的质量和效率。这些都有助于培养更多具备创新精神和实践能力的人才，为共同富裕的实现提供有力的人才支撑。

（三）创新推动社会公平正义，增强共同富裕的社会基础

社会公平正义是实现共同富裕的重要前提。创新通过推动社会公平正义的实现，增强了共同富裕的社会基础。一方面，创新促进了法律制度的完善和司法公正的提升，保障了人民的合法权益，减少了社会不公现象。另一方面，创新也推动了社会管理和服务的创新，提高了政府服务效率和社会治理水平，增强了社会的凝聚力和稳定性。这些都有助于营造一个公平、正义、和谐的社会环境，为共同富裕的实现提供有力的社会保障。

（四）创新促进绿色发展，实现共同富裕的可持续性

绿色发展是实现共同富裕的必由之路。创新通过推动绿色发展，实现了共同富裕的可持续性。一方面，创新推动了清洁能源和环保技术的研发和应用，减少了环境污染和资源消耗，保护了生态环境。另一方面，创新也促进了循环经济和低碳经济的发展，推动了经济社会绿色转型可持续发展。这些都有助于实现经济、社会和环境的协调发展，为共同富裕的实现提供可持续的支撑。

（五）创新激发社会活力，拓展共同富裕的实现路径

创新是社会进步的重要动力，也是激发社会活力、拓展共同富裕实现路径的关键所在。通过创新，可以打破传统观念和体制机制的束缚，激发人们的创造力和创新精神，推动社会不断向前发展。同时，创新还可以促进不同社会群体之间的交流与合作，形成共同发展的合力，为共同富裕的实现提供更多可能性。

（六）创新提升文化软实力，增强共同富裕的精神内涵

文化软实力是共同富裕的重要组成部分，它体现了人民的精神风貌和文化素养。创新通过提升文化软实力，增强了共同富裕的精神内涵。一方面，

创新推动了文化产业的繁荣发展，为人们提供了更加丰富多彩的文化产品和服务，满足了人民日益增长的精神文化需求。另一方面，创新也促进了文化交流与互鉴，增强了不同文化之间的包容性和融合性，为共同富裕的实现注入了更加丰富的精神内涵。

第四章　数字化时代的民营经济融资

第一节　融资环境的变革

一、数字化对融资市场的重塑与影响

随着科技的迅猛发展，数字化已经成为当今社会的重要特征之一。在融资市场领域，数字化技术的应用不仅改变了传统融资模式，还对整个市场的运作方式和效率产生了深远影响。

（一）数字化提升融资市场的透明度与效率

传统融资市场存在信息不对称问题，投资者往往难以获取全面、准确的市场信息，导致投资决策的不确定性和风险增加。而数字化技术的应用，通过大数据、云计算等技术手段，实现了对市场信息的实时收集、分析和展示，提高了市场的透明度。投资者可以更加便捷地获取相关信息，进行更加准确的市场分析和风险评估，从而做出更加明智的投资决策。

同时，数字化也提升了融资市场的效率。传统融资过程中，烦琐的纸质材料、漫长的审批流程以及高昂的交易成本都限制了市场的运作效率。而数字化技术可以实现融资流程的自动化和智能化，简化操作流程，降低交易成

本，缩短融资周期，提高融资成功率。这使得更多的中小企业和个人能够获得融资支持，促进了市场的活力与发展。

（二）数字化推动融资模式创新

数字化技术为融资市场带来了众多创新模式。例如，互联网金融的兴起，使得 P2P 网贷、众筹等新型融资方式得以快速发展。这些模式通过在线平台连接投资者和融资者，实现了资金的直接对接，降低了中间环节的成本和风险。同时，区块链技术的应用也为融资市场带来了去中心化、透明可追溯的融资解决方案，进一步推动了融资模式的创新。

（三）数字化加强融资市场的风险管理与监管

数字化技术的应用使得融资市场的风险管理更加精准和高效。通过对大数据的挖掘和分析，可以及时发现潜在的市场风险，为投资者提供风险预警和防范建议。同时，数字化技术也可以帮助监管机构实现对融资市场的实时监测和预警，及时发现和处理违法违规行为，维护市场秩序和稳定。

然而，数字化也带来了新的风险和挑战。例如，网络安全问题成为数字化融资市场不可忽视的风险点。黑客攻击、数据泄露等网络安全事件可能导致市场信息的泄露和滥用，对融资市场的稳定和安全造成威胁。因此，在推进数字化进程的同时，必须加强对网络安全的管理和防范，确保市场的安全和稳定。

（四）数字化促进融资市场的国际化发展

数字化技术的应用使得融资市场的国际化发展更加便捷和高效。通过互联网和跨境支付等技术手段，可以实现资金的全球流动和配置，促进了国际的资本流动和合作。同时，数字化技术也可以帮助投资者更加便捷地了解和参与国际融资市场，拓宽了投资渠道和范围。

然而，国际化发展也带来了新的挑战和问题。不同国家和地区的法律法规、监管标准等存在差异，可能导致融资市场的运作和监管面临一定的困难和挑战。因此，在推进融资市场国际化的过程中，需要加强国际合作和交流，建立统一的监管标准和规范，促进市场的健康发展。

二、融资工具与平台的创新与发展

随着科技的不断进步和金融市场的日益成熟，融资工具与平台也经历了从传统到现代的转变，呈现出日益丰富和多元化的趋势。融资工具与平台的创新与发展，不仅拓宽了企业的融资渠道，降低了融资成本，还提高了融资效率，为经济社会的发展注入了新的活力。

（一）融资工具的创新与发展

传统的融资工具主要包括银行贷款、债券发行和股票发行等。这些工具在为企业提供资金支持的同时，也存在审批流程烦琐、融资成本高、融资周期长等局限性。随着市场的变化和需求的升级，传统融资工具也在不断创新和完善，以适应新的经济形势和企业需求。

近年来，随着互联网金融和金融科技的发展，供应链金融、资产证券化、股权众筹等一系列新兴融资工具应运而生。这些工具具有灵活性高、融资成本低、融资效率高等特点，为企业提供了更多的融资选择。随着市场竞争的加剧和企业需求的多样化，融资工具的个性化与定制化趋势日益明显。金融机构和企业可以根据自身实际情况和需求，量身定制适合的融资工具，以满足不同发展阶段的资金需求。

（二）融资平台的创新与发展

随着互联网技术的普及和应用，线上融资平台逐渐崛起并成为融资市场的重要力量。线上融资平台通过互联网技术，实现了融资信息的快速传播和匹配，降低了融资门槛和成本，提高了融资效率。同时，线上融资平台还通过大数据和人工智能等技术手段，为投资者提供更加精准的风险评估和投资建议。

综合金融服务平台是集合了多种金融服务于一体的综合性平台。这些平台不仅提供融资服务，还涵盖支付、理财、保险等多个领域。通过一站式服务，综合金融服务平台能够满足企业和个人全方位的金融需求，提升客户体验。

随着全球化的推进和跨境贸易的增加，跨境融资平台也得到了快速发展。这些平台通过连接不同国家和地区的金融市场，为企业提供跨境融资服务，帮助企业拓展国际市场，实现全球化发展。

（三）融资工具与平台创新发展的驱动因素

技术进步是融资工具与平台创新发展的核心驱动力。互联网、大数据、人工智能等技术的广泛应用，为融资工具与平台的创新提供了强大的技术支持。这些技术不仅提高了融资的效率和便捷性，还降低了融资成本和风险。

市场需求的多样化和升级是推动融资工具与平台创新发展的重要因素。随着经济社会的发展和企业竞争的加剧，企业和个人对融资的需求日益多样化和个性化。这要求金融机构不断创新融资工具和服务模式，以满足市场需求。

政策支持也是融资工具与平台创新发展的重要推动力。政府通过出台相关政策，鼓励金融机构和企业进行融资创新，推动金融市场的健康发展。同时，政府还加强对金融市场的监管和规范，保障市场的公平、透明和稳定。

（四）融资工具与平台创新发展的挑战与对策

随着融资工具与平台的创新发展，风险防范成为重要的问题。金融机构和企业需要建立完善的风险评估和管理体系，加强对融资项目的审核和监管，确保资金的安全和合规性。

信息安全是融资工具与平台创新发展的另一个重要挑战。随着互联网的普及和应用，网络安全问题日益突出。金融机构和企业需要加强网络安全管理，保护客户信息和交易数据的安全和隐私。

法律法规是融资工具与平台创新发展的保障和规范。政府需要加强对金融市场的法律法规建设和完善,为融资创新提供有力的法律保障和支持。同时,金融机构和企业也需要遵守相关法律法规,确保业务的合规性和可持续性。

三、融资环境的变革对民营企业的影响

随着国内外经济形势的不断变化,融资环境也在经历深刻的变革。民营企业作为中国经济的重要组成部分,其生存和发展与融资环境的变迁息息相关。

(一)融资环境变革的背景与趋势

近年来,中国政府出台了一系列政策措施,旨在优化融资环境,支持民营企业发展。这些政策包括降低融资成本、拓宽融资渠道、加强金融监管等。同时,国际金融市场也在不断变化,新的融资工具和平台不断涌现,为民营企业提供了更多的融资选择。

从趋势上看,融资环境正朝着多元化、市场化、规范化的方向发展。民营企业面临的融资问题不再仅仅是资金短缺,更多的是如何选择合适的融资方式、如何降低融资成本、如何确保融资安全等问题。

(二)融资环境变革对民营企业融资渠道的影响

融资环境的变革使得民营企业的融资渠道更加多元化。除了传统的银行贷款和股权融资,民营企业还可以通过债券发行、资产证券化、互联网金融等方式进行融资。这些新兴融资渠道的出现,不仅降低了民营企业的融资门槛,还提高了融资效率。随着融资市场竞争的加剧,民营企业在选择融资方式时有了更多的自主权。它们可以根据自身的经营情况和资金需求,灵活选择适合的融资方式,优化融资结构。这有助于降低企业的财务风险,提高企业的竞争力。

（三）融资环境变革对民营企业融资成本的影响

融资环境的变革有助于降低民营企业的融资成本。一方面，政策性的金融支持和优惠措施使得民营企业能够获得更加优惠的贷款条件和利率；另一方面，市场竞争的加剧也促使金融机构降低服务费用，提高服务质量。这些都有助于降低民营企业的融资成本，提高企业的融资效益。

融资环境的变革还提高了民营企业的融资效率。新兴融资渠道和平台的出现，使得民营企业能够更快速地获得所需资金，减少了资金占用的时间和成本。同时，金融机构也在不断创新服务模式，提供更加便捷、高效的金融服务，进一步提升了民营企业的融资效率。

（四）融资环境变革对民营企业风险管理的影响

融资环境的变革使得民营企业面临更加复杂多变的风险因素。为了应对这些风险，民营企业需要强化风险管理意识，提升风险防控能力。这包括建立健全风险管理制度、加强风险监测和预警、提高风险应对能力等方面。

融资环境的变革也推动了民营企业的规范运作。金融机构在提供融资服务时，往往会对企业的经营状况、财务状况、信用状况等进行严格审核和评估。这促使民营企业加强内部管理、规范财务运作、提升信用水平，从而降低经营风险。

（五）融资环境变革对民营企业创新发展的影响

融资环境的变革为民营企业的创新发展提供了有力支持。通过拓宽融资渠道、降低融资成本、优化融资结构等方式，民营企业能够获得更多的创新资源和资金支持，从而激发创新活力，推动产业升级。融资环境的变革还有助于民营企业引进和应用新技术、新工艺和新设备。通过融资支持，民营企业可以加大对技术研发和创新的投入，提升技术水平和产品质量，从而增强市场竞争力。

第二节　数字化时代下的融资方式

一、网络借贷、众筹等新型融资方式的兴起

随着信息技术的迅猛发展，金融领域也正在经历一场深刻的变革。网络借贷、众筹等新型融资方式的兴起，为金融市场注入了新的活力，也为企业和个人提供了更多的融资选择。

（一）网络借贷的兴起

网络借贷的兴起，主要得益于互联网技术的普及和金融市场需求的不断增长。传统金融机构的信贷审批流程烦琐、周期长，难以满足小微企业和个人的短期融资需求。而网络借贷平台通过运用大数据、云计算等现代信息技术手段，实现了对借款人信用状况的快速评估和风险控制，为借款人和投资者提供了一个高效、便捷的融资和投资渠道。

网络借贷具有门槛低、审批快、操作简便等特点。借款人只需在平台上提交相关信息，即可快速获得融资支持。同时，网络借贷平台还为投资者提供了多样化的投资选择，使得小额资金也能参与到金融市场中来，实现了资金的优化配置。

网络借贷的兴起，不仅缓解了小微企业和个人的融资难题，也促进了金融市场的发展。它打破了传统金融机构的地域限制，使得融资活动更加灵活和便捷。同时，网络借贷还促进了金融普惠，让更多的人能够享受到金融服务。然而，网络借贷也带来了一定的风险和挑战，如信息不对称、信用风险等问题，需要政府、监管部门和平台方共同加强监管和规范。

（二）众筹的兴起

众筹的兴起，主要源于创新创业的蓬勃发展和大众对个性化、差异化消费的需求。传统的融资方式往往难以满足初创企业和创新项目的融资需求，而众筹通过汇聚众多小额投资者的资金，为这些项目提供了新的融资途径。同时，随着消费者需求的日益多元化，众筹也为企业提供了更加贴近市场需求的产品开发和推广方式。

众筹具有门槛低、参与度高、创意性强等特点。无论是初创企业还是个人创意项目，只要具有创新性和市场潜力，都可以通过众筹平台获得资金支持。同时，众筹还具有很强的社交属性，投资者可以通过平台与项目方进行互动和交流，从而建立起更加紧密的联系和信任关系。众筹的兴起为创新创业提供了新的动力。它降低了创业门槛，使得更多的人能够参与到创新创业中来。同时，众筹也促进了消费者参与度的提升，使得产品开发和推广更加符合市场需求。然而，众筹也面临着一些挑战和风险，如项目质量参差不齐、信息不对称等问题。因此，加强监管和规范也是众筹未来发展的必然趋势。

（三）新型融资方式的未来发展

随着新型融资方式的不断发展壮大，政府和监管部门将加强对其的监管和规范。通过制定相关法律法规和政策措施，明确新型融资方式的合法地位和业务范围，保护投资者和借款人的合法权益，防范金融风险的发生。未来，新型融资方式将继续受益于技术创新的发展。大数据、云计算、区块链等现代信息技术手段将进一步应用于新型融资领域，提高融资效率和风险管理水平。同时，人工智能等技术的发展也将为新型融资方式提供更加智能化的服务。

随着金融市场的不断开放和跨界合作的加深，新型融资方式将与其他金融业态实现更加紧密的融合。例如，网络借贷平台可以与电商平台合作，为商家提供更加灵活的融资支持；众筹平台也可以与产业链上下游企业合作，推动产业链的整体升级和发展。

二、传统融资方式与新型融资方式的比较分析

随着金融科技的不断发展，新型融资方式如网络借贷、众筹等逐渐崭露头角，与传统融资方式如银行贷款、债券发行等形成了鲜明的对比。

（一）传统融资方式的特点与优势

1. 特点

传统融资方式主要包括银行贷款、债券发行、股权融资等，这些方式通常依赖于金融机构或资本市场的中介作用，具有较为严格的审批流程和风险控制机制。借款人或企业需提交详细的申请材料，经过金融机构或评级机构的评估后，才能获得相应的融资支持。

2. 优势

（1）资金规模较大：传统融资方式通常能够筹集到较大规模的资金，满足大型企业和项目的融资需求。

（2）稳定性强：由于传统融资方式受到金融机构和监管部门的严格监管，因此具有较高的稳定性和可靠性。

（3）信用度高：传统融资方式往往与大型金融机构或评级机构合作，借款人或企业的信用度能够得到一定的保障。

（二）新型融资方式的特点与优势

1. 特点

新型融资方式主要包括网络借贷、众筹、区块链融资等，这些方式借助互联网和金融科技手段，实现了融资活动的去中介化、低成本化和高效化。借款人或企业只需在平台上提交相关信息，即可快速获得融资支持，投资者也可以通过平台直接参与投资。

2. 优势

（1）门槛低：新型融资方式的门槛相对较低，小微企业和个人也能轻松获得融资支持。

（2）审批速度快：借助金融科技手段，新型融资方式能够实现快速审批和放款，满足借款人或企业的紧急融资需求。

（3）操作简便：新型融资方式通常具有简洁明了的操作流程和界面设计，使得融资活动更加便捷和高效。

（三）传统与新型融资方式的对比

传统融资方式的门槛相对较高，对借款人或企业的信用状况、还款能力等方面有较为严格的要求。同时，由于需要经过金融机构或评级机构的评估，因此融资成本也相对较高。而新型融资方式则降低了融资门槛和成本，使得更多的小微企业和个人能够获得融资支持。

新型融资方式在融资效率和灵活性方面具有明显优势。借助互联网和金融科技手段，新型融资方式能够实现快速审批和放款，满足借款人或企业的紧急融资需求。同时，新型融资方式还提供了多样化的融资产品和服务，使得借款人或企业能够根据自身需求选择合适的融资方式。而传统融资方式则通常需要较长的审批周期和烦琐的操作流程，融资效率相对较低。

传统融资方式在风险控制方面具有较高的水平，金融机构和评级机构会对借款人或企业的信用状况、还款能力等进行全面评估，从而降低融资风险。同时，传统融资方式也受到较为严格的监管，确保了融资活动的合规性和稳定性。而新型融资方式在风险控制方面相对较弱，由于去中介化的特点，平台方难以对借款人或企业的信用状况进行全面评估，存在一定的信用风险。此外，新型融资方式也面临着监管缺失的问题，需要加强监管和规范。

（四）新型融资方式的发展前景与挑战

随着金融科技的不断发展，新型融资方式将继续保持快速发展的势头。

未来，新型融资方式将进一步拓宽融资渠道、降低融资成本、提高融资效率，为更多的小微企业和个人提供融资支持。同时，新型融资方式也将不断创新和完善，推出更加符合市场需求和投资者偏好的融资产品和服务。

然而，新型融资方式在发展过程中也面临着一些挑战。首先，风险控制是新型融资方式需要解决的重要问题。平台方需要加强对借款人或企业的信用评估和风险管理，降低信用风险的发生概率。其次，监管缺失也是新型融资方式需要面对的问题。政府和监管部门需要加强对新型融资方式的监管和规范，确保其合规性和稳定性。最后，市场竞争也是新型融资方式需要应对的挑战。随着市场的不断发展，新型融资方式将面临越来越多的竞争对手，需要不断提升自身的竞争力和服务水平。

三、民营企业如何选择适合的融资方式

民营企业在我国经济发展中扮演着重要的角色，是推动经济增长、创造就业的重要力量。然而，随着市场竞争的加剧和经济环境的变化，民营企业面临着越来越多的融资难题。选择适合的融资方式对于民营企业的发展至关重要。

（一）民营企业的融资需求与特点

民营企业的融资需求多样，既有短期流动资金需求，也有长期固定资产投资需求。不同规模和发展阶段的民营企业，其融资需求也存在差异。大型民营企业通常拥有较为完善的融资体系和较强的融资能力，而中小型民营企业则往往面临融资难、融资贵的问题。

民营企业的融资特点主要表现为以下几个方面：一是融资规模相对较小，但融资频率较高；二是融资期限灵活多样，既有短期融资需求，也有长期融资需求；三是融资风险较高，由于民营企业普遍缺乏足够的抵押物和担保措施，使得金融机构在风险评估时更加谨慎。

（二）常见的融资方式及其特点

银行贷款是一种常见的融资方式，具有融资成本低、融资期限灵活等特点。然而，民营企业申请银行贷款时往往面临审批流程烦琐、担保要求高等问题。因此，民营企业需加强与银行的沟通与合作，提高自身信用评级，以便更好地获得银行贷款支持。

债券发行是一种直接融资方式，适用于规模较大、信用评级较高的民营企业。通过发行债券，企业可以筹集到长期稳定的资金，降低融资成本。然而，债券发行需要企业具备较高的信用评级和较强的偿债能力，对于大多数民营企业来说，这一条件较为苛刻。

股权融资是通过出售企业股份来筹集资金的一种方式。股权融资可以为企业带来长期稳定的资金支持，同时也有助于优化企业治理结构。然而，股权融资可能导致企业控制权的分散，甚至可能引发股东之间的利益冲突。因此，民营企业在选择股权融资时需谨慎权衡利弊。

随着金融科技的快速发展，越来越多的新型融资方式涌现出来，如网络借贷、众筹等。这些新型融资方式具有门槛低、审批速度快等特点，为民营企业提供了更多的融资选择。然而，新型融资方式也存在一定的风险和挑战，如信息不对称、信用风险等问题。因此，民营企业在选择新型融资方式时需充分了解其运作机制和风险特点，确保融资活动的合规性和安全性。

（三）民营企业选择融资方式的考虑因素

不同规模、不同发展阶段的民营企业应选择与其自身情况相匹配的融资方式。例如，初创期的民营企业可以选择风险投资或天使投资等股权融资方式；成长期的民营企业可以考虑银行贷款或发行债券等债权融资方式；成熟期的民营企业则可以通过上市融资或发行债券等方式筹集更多资金以支持企业扩张。

融资成本是企业选择融资方式时需重点考虑的因素之一。民营企业应根据自身财务状况和资金需求，选择成本较低的融资方式。同时，融资期限也是一个重要的考虑因素。民营企业应根据资金需求的紧急程度和项目的回报周期来选择合适的融资期限。

融资风险是企业选择融资方式时必须考虑的因素。民营企业应充分了解各种融资方式的风险特点，如信用风险、市场风险等，并选择风险可控的融资方式。此外，合规性也是民营企业选择融资方式时需关注的重要方面。企业应确保所选融资方式符合国家法律法规和政策要求，避免因违规操作而引发法律风险。

（四）建议与策略

民营企业应加强自身信用建设，提高信用评级，以便更好地获得银行贷款等债权融资支持。企业可以通过规范财务管理、加强信息披露、履行社会责任等方式提升信用水平。

民营企业应根据自身实际情况和需求，采用多元化的融资组合方式。通过综合运用银行贷款、股权融资、新型融资方式等多种融资手段，实现资金来源的多样化和风险的分散化。

民营企业应积极与金融机构建立长期稳定的合作关系，通过加强沟通与协作，提高融资效率和成功率。企业可以定期与金融机构开展交流活动，了解最新的融资政策和产品信息，以便更好地选择适合自己的融资方式。

随着金融科技的不断发展，民营企业应积极探索创新融资模式，如供应链金融、绿色金融债券等。通过创新融资模式，企业可以拓宽融资渠道、降低融资成本，为企业的持续发展提供有力支持。

四、新型融资方式对民营企业发展的促进作用

随着金融科技的不断发展，新型融资方式如网络借贷、众筹、股权众筹、供应链金融等逐渐崭露头角，为民营企业提供了更加多样化和灵活的融资选择。这些新型融资方式不仅为民营企业解决了融资难题，还对其发展产生了

积极的促进作用。

（一）拓宽融资渠道，缓解融资难题

传统融资方式对民营企业的信用状况、抵押物要求等方面有较高门槛，导致很多民营企业难以获得所需资金支持。新型融资方式的出现，为民营企业提供了更广泛和便捷的融资渠道。通过网络借贷、众筹等平台，民营企业可以快速获得所需资金，无需烦琐的审批流程和担保措施。这大大缓解了民营企业的融资难题，为其发展提供了有力资金支持。

（二）降低融资成本，提高融资效率

相比传统融资方式，新型融资方式往往具有更低的融资成本和更高的融资效率。由于新型融资方式通常通过线上平台操作，减少了中间环节和人力成本，因此降低了融资成本。同时，新型融资方式的审批流程相对简化，放款速度更快，能够满足民营企业对资金快速到账的需求。这有助于民营企业高效运用资金，推动其快速发展。

（三）优化融资结构，促进转型升级

新型融资方式的出现，为民营企业提供了更加多样化和灵活的融资选择。民营企业可以根据自身的发展阶段和需求，选择合适的融资方式和期限，优化融资结构。这有助于民营企业更好地匹配资金需求和项目回报周期，提高资金使用效率。同时，新型融资方式还可以促进民营企业的转型升级。通过引入战略投资者或利用股权众筹等方式筹集资金，民营企业可以引入外部资源和技术支持，推动其向高端化、智能化、绿色化方向发展。

（四）增强市场竞争力，拓展发展空间

新型融资方式不仅为民营企业提供了资金支持，还增强了其市场竞争力。通过新型融资方式筹集到的资金，民营企业可以加大研发投入、提升产

品质量、拓展市场份额，从而提升在市场中的竞争力。此外，新型融资方式还为民营企业提供了与国际市场接轨的机会。通过跨境融资、国际股权众筹等方式，民营企业可以吸引国际资本和先进技术，进一步拓展其发展空间。

（五）推动金融创新，促进金融市场发展

新型融资方式的出现，推动了金融创新和金融市场的发展。这些新型融资方式借助互联网和金融科技手段，打破了传统金融行业的壁垒和限制，为金融市场注入了新活力。同时，新型融资方式还促进了金融行业的竞争加剧和服务创新，提升了金融市场的整体效率和服务水平。这有助于为民营企业提供更优质、高效的金融服务，推动其健康发展。

（六）提升民营企业信用体系建设

新型融资方式往往依赖于大数据、云计算等先进技术手段进行信用评估和风险管理，这有助于推动民营企业信用体系的建设和完善。通过参与新型融资活动，民营企业可以积累信用记录，提升自身信用评级，从而在未来获得更多金融机构的信任和支持。同时，新型融资方式还可以促进民营企业规范财务管理、加强信息披露，进一步提升其信用水平。

（七）激发创新创业活力

新型融资方式特别是股权众筹、天使投资等，为创新创业型企业提供了宝贵的资金支持。这些企业往往具有高风险、高成长的特点，难以通过传统融资渠道获得所需资金。而新型融资方式则为这些企业提供了资金支持，激发了其创新创业活力。通过引入外部投资者和资源，创新创业型企业可以加速产品研发和市场拓展，推动技术创新和产业升级。

尽管新型融资方式对民营企业发展具有诸多促进作用，但在实际应用中仍需注意风险防控和合规性管理。民营企业应充分了解新型融资方式的运作机制和风险特点，选择正规、合法的融资平台进行合作，确保融资活动的合

规性和安全性。同时，政府和监管部门也应加强对新型融资方式的监管和规范，推动其健康、有序发展。

第三节　数字技术在融资中的应用

一、大数据、区块链等技术在融资风险评估中的应用

随着科技的飞速发展，大数据和区块链等新兴技术正在逐渐改变金融行业的传统模式。在融资风险评估领域，这些技术的应用不仅提高了评估的准确性和效率，还增强了融资过程的透明度和可信度。

（一）大数据技术在融资风险评估中的应用

大数据技术的应用在融资风险评估中主要体现在数据收集、处理和分析方面。通过对海量数据的挖掘和分析，金融机构能够更准确地评估借款人的信用状况和还款能力，从而降低融资风险。

大数据技术能够从多个渠道收集借款人的相关信息，包括个人基本信息、财务状况、经营数据等。通过对这些数据的整合，金融机构可以形成一个全面、客观的信用评估画像。同时，大数据技术还能够实现跨部门和跨行业的数据共享，使风险评估更加全面和准确。

大数据技术的应用使得金融机构能够运用先进的算法和模型对收集到的数据进行深入分析和挖掘。通过对借款人的信用记录、还款历史、经营状况等数据的分析，金融机构可以预测借款人的还款能力和违约风险。此外，大数据技术还可以发现隐藏在数据中的关联性和规律，为风险评估提供更加有力的支持。

大数据技术的实时性和动态性使得金融机构能够对融资风险进行实时监测和预警。通过对借款人的经营数据和财务状况进行持续跟踪和分析，金

融机构可以及时发现潜在的风险因素，并采取相应的措施进行防范和控制。

（二）区块链技术在融资风险评估中的应用

区块链技术以其去中心化、透明化和不可篡改的特性，在融资风险评估中发挥着重要作用。通过构建基于区块链的融资风险评估系统，金融机构可以提高评估的准确性和可信度，降低融资风险。区块链技术可以实现数据的去中心化存储和共享，使得金融机构能够获取更加全面和准确的数据。同时，区块链的不可篡改性保证了数据的真实性和可信度，避免了数据造假和篡改的风险。此外，区块链技术还可以实现数据的自动化验证和交叉验证，提高数据的质量和可靠性。

基于区块链的融资风险评估系统可以记录借款人的信用历史和还款记录，形成一个去中心化的信用评估体系。这一体系具有高度的透明性和公信力，能够减少信息不对称和欺诈行为的发生。同时，区块链技术还可以实现信用信息的实时更新和共享，使得金融机构能够更加准确地评估借款人的信用状况。区块链技术的去中心化特性使得融资风险可以在多个节点之间实现分散和降低。通过构建基于区块链的融资平台，金融机构可以吸引更多的投资者参与融资过程，从而降低单一机构的风险敞口。此外，区块链技术还可以实现智能合约的自动执行和监管，减少人为干预和操作风险。

（三）大数据与区块链技术在融资风险评估中的结合应用

大数据和区块链技术的结合应用可以进一步提高融资风险评估的准确性和效率。一方面，大数据技术可以为区块链提供丰富的数据源和分析工具，使得基于区块链的融资风险评估系统更加全面和深入。另一方面，区块链技术可以为大数据提供安全、可靠的数据存储和共享机制，保障数据的质量和可信度。通过结合应用这两种技术，金融机构可以构建一个更加高效、准确的融资风险评估体系，为融资业务的发展提供有力支持。

（四）面临的挑战与前景展望

尽管大数据和区块链技术在融资风险评估中具有广泛的应用前景，但在实际应用过程中仍面临一些挑战。例如，数据安全和隐私保护问题、技术标准和监管规范的制定，以及技术和人才储备等方面的问题。然而，随着技术的不断发展和完善，这些问题将逐渐得到解决。

展望未来，大数据和区块链技术在融资风险评估中的应用将更加广泛和深入。随着技术的不断创新和融合，金融机构将能够构建更加高效、智能的融资风险评估体系，为融资业务的发展提供更加有力的支持。同时，政府和监管机构也将加强对新兴技术的监管和规范，确保其在金融领域的健康发展。

总之，大数据和区块链技术在融资风险评估中的应用为金融机构提供了更加全面、准确的风险评估手段。通过结合应用这两种技术，金融机构可以进一步提高融资业务的效率和安全性，推动金融行业的创新和发展。

二、数字技术对融资流程的优化与提升

随着信息技术的迅猛发展，数字技术正逐渐渗透到融资领域的各个环节，对融资流程产生了深远影响。数字技术的应用不仅简化了烦琐的手续，提高了融资效率，还增强了融资过程的安全性和透明度。

（一）简化融资流程，提高融资效率

传统融资流程通常涉及多个环节和部门，手续烦琐且耗时较长。随着数字技术的应用，融资流程得以简化，提高了融资效率。具体来说，数字技术通过以下几个方面优化了融资流程：

首先，数字化平台的建设使得融资申请、审核、放款等环节均可在线上完成，大大减少了纸质材料的传递和人工操作的环节，缩短了融资周期。同时，线上平台提供了 24 小时不间断的服务，方便借款人随时进行融资申请

和查询进度。

其次，数字技术通过自动化和智能化的手段，实现了对借款人信息的快速筛选和审核。利用大数据分析和机器学习算法，系统能够自动评估借款人的信用状况和还款能力，减少了人工审核的烦琐和主观性。

此外，数字技术还通过电子签名、电子合同等方式，简化了合同签署和归档的流程。这不仅提高了合同签署的效率，还降低了因纸质合同丢失或损坏而带来的风险。

（二）增强融资安全性，降低风险

数字技术在融资流程中的应用，不仅提高了效率，还增强了融资过程的安全性，降低了风险。具体来说，数字技术通过以下几个方面提升了融资安全性：

首先，数字技术通过加密技术和安全认证手段，保障了融资过程中数据的传输和存储安全。这有效防止了数据泄露和非法访问，确保了借款人信息的保密性。

其次，数字技术通过风险预警和监控机制，能够及时发现和应对潜在的融资风险。利用大数据分析和实时监控技术，系统能够对借款人的经营状况、财务状况等进行持续跟踪和评估，一旦发现异常情况，即可及时发出预警并采取相应措施。

最后，数字技术还通过智能合约等方式，降低了合同履行过程中的风险。智能合约能够自动执行合同条款，减少了人为干预和违约的可能性，确保了融资双方的权益得到保障。

（三）提升融资透明度，促进信息对称

数字技术的应用还提升了融资过程的透明度，促进了信息对称。具体来说，数字技术通过以下几个方面增强了融资透明度：

首先，数字技术使得融资过程中的信息更加公开和透明。通过线上平台，

借款人可以实时了解融资进度、利率、费用等相关信息，减少了信息不对称的情况。同时，线上平台提供了借款人评价和反馈机制，使得融资过程更加公开和公正。

其次，数字技术通过数据共享和交叉验证的方式，提高了信息的准确性和可靠性。金融机构可以通过与其他机构合作，共享借款人的信用信息和还款记录等数据，从而更加全面地了解借款人的信用状况。这有助于降低因信息不对称而带来的融资风险。

最后，数字技术还通过可视化和图表化的方式，使得融资数据更加直观和易懂。这有助于投资者和监管机构更好地了解融资情况和风险状况，做出更加明智的决策。

三、数字技术在降低融资成本和提高融资效率中的作用

随着数字技术的迅猛发展，其在金融领域的应用不断拓宽，对融资成本和融资效率产生了深远的影响。数字技术通过提升信息处理效率、优化融资流程、降低信息不对称以及推动金融创新等多种方式，有效地降低了融资成本，提高了融资效率。

（一）提升信息处理效率，降低融资成本

在传统融资模式中，信息的收集、整理和分析往往依赖于人工操作，效率低下且成本高昂。随着数字技术的应用，信息处理效率得到大幅提升，从而降低了融资成本。具体来说，数字技术通过以下几个方面发挥了作用：

首先，大数据技术能够实现对海量数据的快速收集、存储和分析。金融机构可以利用大数据技术，对借款人的信用记录、经营数据、市场趋势等进行深入挖掘和分析，从而更加准确地评估借款人的信用状况和还款能力。这降低了因信息不对称导致的风险成本，提高了融资的成功率。

其次，云计算技术为金融机构提供了强大的计算能力和存储空间。通过云计算平台，金融机构可以实时处理和分析数据，提高了信息处理的时效性

和准确性。同时，云计算的弹性伸缩能力使得金融机构能够根据实际需求调整计算资源，降低了运营成本。

此外，人工智能技术的应用也进一步提升了信息处理效率。通过机器学习算法和自然语言处理等技术，人工智能可以自动识别和分类信息，实现智能推荐和风险评估等功能。这不仅降低了人工操作的成本，还提高了融资决策的准确性和效率。

（二）优化融资流程，提高融资效率

数字技术通过优化融资流程，简化了烦琐的手续和环节，提高了融资效率。具体来说，数字技术主要从以下几个方面优化了融资流程：

首先，数字技术实现了融资流程的线上化。通过建设数字化融资平台，金融机构可以将融资申请、审核、放款等环节转移到线上进行。这大大减少了纸质材料的传递和人工操作的环节，缩短了融资周期。同时，线上平台提供了便捷的查询和跟踪功能，使得借款人可以实时了解融资进度和状态。

其次，数字技术通过自动化和智能化的手段简化了融资流程中的审核和评估环节。利用大数据分析和机器学习算法，系统可以自动筛选和评估借款人的信用信息，减少了人工审核的烦琐和主观性。同时，智能风控模型能够实时监测和预警潜在风险，提高了融资决策的及时性和准确性。

此外，数字技术还通过电子签名、电子合同等方式简化了合同签署和归档的流程。电子签名技术实现了合同签署的便捷性和安全性，而电子合同则方便了合同的存储和查询。这些技术的应用不仅提高了融资流程的效率，还降低了因纸质合同丢失或损坏而带来的风险。

（三）降低信息不对称，提升融资效率

信息不对称是制约融资效率的重要因素之一。数字技术的应用通过提高信息透明度和共享程度，有效地降低了信息不对称问题，从而提升了融资效率。具体来说，数字技术主要从以下几个方面降低了信息不对称：

首先，数字技术使得融资过程中的信息更加公开和透明。通过线上平台，金融机构可以实时发布融资政策、利率、费用等相关信息，使得借款人能够充分了解融资条件和要求。同时，线上平台还提供了借款人评价和反馈机制，使得融资过程更加公开和公正。

其次，数字技术通过数据共享和交叉验证的方式提高了信息的准确性和可靠性。金融机构可以通过与其他机构合作，共享借款人的信用信息和还款记录等数据，从而更加全面地了解借款人的信用状况。这有助于降低因信息不对称而导致的风险成本，提高了融资的成功率。

此外，区块链技术的应用也为降低信息不对称提供了新的解决方案。区块链技术具有去中心化、不可篡改的特性，可以确保数据的真实性和可信度。通过构建基于区块链的融资平台，可以实现融资信息的实时更新和共享，降低了因数据造假或篡改而导致的风险。

四、数字技术在增强融资透明度与公开性中的作用

随着信息技术的飞速发展，数字技术已经深入到金融领域的各个方面，特别是在融资领域，数字技术发挥着日益重要的作用。其中，数字技术对于增强融资透明度与公开性的贡献尤为突出。

（一）数字技术提升融资信息的透明度

传统融资模式中，信息的传递往往受到时间和空间的限制，导致信息的不对称和透明度不足。而数字技术的应用，使得融资信息的传递和获取变得更加便捷和高效，从而提升了融资信息的透明度。

首先，数字技术通过建设线上融资平台，实现了融资信息的实时发布和更新。这些平台可以汇集各类融资项目的信息，包括项目介绍、融资需求、进度更新等，使得投资者能够随时获取最新的融资信息。同时，平台还可以提供数据分析工具，帮助投资者对融资项目进行深入分析和评估，进一步提高了信息的透明度。其次，数字技术通过大数据和云计算等技术手段，实现

了对海量融资数据的挖掘和分析。这些技术可以对融资市场的历史数据、实时数据进行整合和分析，揭示出市场的运行规律和趋势，为投资者提供决策支持。此外，通过数据可视化技术，还可以将复杂的融资数据以直观、易懂的方式呈现出来，使得投资者能够更好地理解和把握市场情况。

（二）数字技术促进融资过程的公开性

除了提升融资信息的透明度外，数字技术还能够促进融资过程的公开性，使得融资活动更加公正、公平和透明。

一方面，数字技术通过线上融资平台的建设，实现了融资活动的线上化、透明化。这些平台通常具备严格的审核机制和监管制度，确保融资项目的真实性和合法性。同时，平台还可以提供投资者与融资方之间的沟通交流渠道，使得投资者能够直接了解项目的进展情况和风险状况，从而做出更加明智的投资决策。另一方面，数字技术通过区块链等技术的应用，为融资过程的公开性提供了有力保障。区块链技术具有去中心化、不可篡改的特性，可以确保融资过程中的数据安全和可信度。通过将融资信息上链存储，可以实现对融资活动的全程追溯和监管，防止数据被篡改或伪造。此外，区块链技术还可以实现多方参与、共同维护的融资生态，促进融资市场的健康发展。

（三）数字技术增强融资监管的透明性与公开性

监管是保障融资市场健康发展的重要手段，而数字技术的应用能够显著增强融资监管的透明性与公开性。

首先，数字技术使得监管部门能够实时获取和分析融资市场的数据，及时发现和处理潜在的风险和问题。通过建设监管信息系统，监管部门可以对融资机构、融资项目等进行全面、细致的监管，确保市场的稳定运行。同时，数字技术还可以提供智能化的风险预警和评估工具，帮助监管部门提前识别和应对风险事件，防止风险的扩散和升级。其次，数字技术通过线上公示和信息公开等方式，提高了融资监管的公开性。监管部门可以将监管政策、监管结果等信息及时向社会公众公布，接受社会监督。这不仅可以增强公众对融资市场的信任度，还可以促进市场的自我约束和健康发展。

（四）数字技术推动融资市场的规范化发展

数字技术在增强融资透明度与公开性的同时，也推动了融资市场的规范化发展。通过建设线上融资平台和监管信息系统等基础设施，数字技术为融资市场的规范化运作提供了有力支持。这些平台通常具备严格的审核机制和监管制度，能够规范融资机构的行为，防止市场乱象的发生。同时，数字技术还可以提供标准化的融资产品和服务，降低市场的信息不对称程度，提高市场的运作效率。

第四节　融资对共同富裕的影响

一、融资对民营企业发展的支持作用

融资作为民营企业发展过程中的关键环节，对于企业的成长、扩张和创新具有不可或缺的支持作用。民营企业作为国民经济的重要组成部分，其健康发展对于推动经济增长、促进社会就业和增强国家竞争力具有重要意义。

（一）融资支持民营企业资金需求的满足

民营企业在发展过程中，往往需要大量的资金支持来满足其运营、扩张和创新的需求。融资活动通过为民营企业提供必要的资金，有助于企业实现规模扩张、技术升级和市场拓展。具体而言，融资可以通过以下几种方式满足民营企业的资金需求：

债务融资：通过向银行、债券市场等渠道借款，民营企业可以获得短期或长期的资金支持，用于补充流动资金、购买设备、扩大生产规模等。

股权融资：通过发行股票或引入战略投资者，民营企业可以筹集到大量的长期资金，用于支持企业的长期发展。

政府支持：政府通过提供贷款担保、税收优惠等政策，降低民营企业的融资成本，提高其融资能力。

这些融资方式能够满足民营企业在不同发展阶段的资金需求，从而支持其持续、稳定的发展。

（二）融资促进民营企业技术创新和产业升级

技术创新和产业升级是民营企业实现高质量发展的关键。然而，这些活动往往需要大量的资金投入和风险承担。融资活动通过为民营企业提供资金支持，有助于降低其技术创新和产业升级的风险，推动其实现转型升级。

首先，融资可以为民营企业的研发活动提供资金支持，帮助其攻克技术难关，开发出具有市场竞争力的新产品。其次，融资可以支持民营企业进行设备更新和工艺改进，提高生产效率和产品质量。此外，融资还可以为民营企业引进外部先进技术和管理经验，促进其产业升级和转型。

（三）融资助力民营企业拓展市场和提升竞争力

市场拓展和竞争力提升是民营企业实现可持续发展的关键。融资活动通过为民营企业提供资金支持，有助于其拓展市场份额、提升品牌影响力和增强市场竞争力。

一方面，融资可以帮助民营企业扩大生产规模，提高产品产量和供应能力，从而满足市场需求。另一方面，融资可以支持民营企业进行市场推广和品牌建设，提升其在消费者心中的形象和认知度。此外，融资还可以为民营企业提供并购重组等资本运作的机会，帮助其实现资源整合和优势互补，进一步提升市场竞争力。

（四）融资优化民营企业的资本结构和治理结构

融资活动不仅为民营企业提供资金支持，还有助于优化其资本结构和治理结构。通过引入外部投资者和债权人，民营企业可以形成多元化的股权结构和债权结构，降低单一股东或债权人的风险集中度。同时，外部投资者的参与也有助于改善民营企业的治理结构，提高决策效率和透明度。

优化后的资本结构和治理结构有助于民营企业实现更加稳健和可持续的发展。多元化的股权结构可以激发不同股东之间的监督和制衡作用，减少内部人控制问题。债权人的参与则可以约束企业的过度扩张和冒险行为，降低财务风险。此外，外部投资者的专业经验和资源也可以为民营企业的发展提供有力支持。

二、融资在促进就业和增加收入中的作用

融资作为经济发展的重要驱动力，其在促进就业和增加收入方面的作用不容忽视。通过为企业提供必要的资金支持，融资有助于企业扩大规模、提高生产效率，进而创造更多的就业机会，并为劳动者带来更高的收入。

（一）融资促进企业规模扩张与就业创造

融资活动为企业提供资金支持，助其扩大规模，进而创造更多就业机会。具体来说，融资通过以下方式促进企业规模扩张和就业创造：

1. 债务融资推动企业扩大生产规模：企业向银行或其他金融机构贷款，用于购买设备、原材料和扩大生产场地。这些投入使企业能增加生产线、提高产能，从而需要更多劳动力支持生产。

2. 股权融资助力企业快速发展：企业通过发行股票或引入战略投资者筹集长期资金，支持研发、市场推广和品牌建设，推动企业快速发展，进而增加对劳动力的需求。

（二）融资促进产业升级与就业结构调整

融资活动推动企业技术升级和产业创新，进而促进产业升级和就业结构调整。具体表现为：

1. 融资支持企业引进技术和设备，提升生产效率和质量，增强竞争力，同时增加对高技能劳动力的需求，推动就业结构升级。

2. 融资促进新兴产业发展，创造多样化就业机会，带动相关产业协同发展。

（三）融资提升劳动者收入水平与生活质量

融资活动通过提高企业生产效率和市场竞争力，直接影响劳动者收入和生活质量。具体来说：

1. 融资支持企业引进技术和设备，提高生产自动化和智能化水平，降低成本，提升利润，从而为劳动者提供更好薪资和晋升机会。

2. 融资促进企业市场拓展和品牌建设，提升产品知名度和销售额，进而增加劳动者收入。

3. 融资为企业提供发展机会，拓展业务，为劳动者提供更多职业选择和发展空间，提升其收入水平和职业满意度。

（四）融资对就业和收入的间接影响

除了直接作用外，融资还通过带动相关产业链发展和提高整体经济水平等间接方式，进一步促进就业和增加收入。例如，融资活动可以刺激产业链上下游企业的发展，创造更多就业机会。同时，通过提升整体经济实力，融资也有助于提高国民收入和社会福祉水平。

三、融资在缩小贫富差距中的作用

贫富差距是一个复杂的社会经济问题，而融资作为现代经济体系中的重要环节，其在缩小贫富差距方面发挥着不可忽视的作用。通过优化资源配置、支持中小企业发展、推动创业创新以及提升贫困地区发展能力，融资有助于缓解贫富差距，促进社会经济的平衡发展。

（一）优化资源配置，提升社会效率

融资活动通过优化资源配置，将资金引导至更具潜力和效益的项目和企业，从而提高社会整体经济效率。在贫富差距较大的情况下，优化资源配置尤为关键。通过融资，富余资金可以从富裕地区流向贫困地区，从大型企业流向中小企业，从低效领域转向高效领域，实现资源均衡配置。

具体而言，金融机构可通过贷款、投资等方式，将资金投入贫困地区的产业发展和基础设施建设，推动当地经济发展。同时，融资支持具有创新能力和市场潜力的中小企业快速成长，提高市场竞争力，创造更多就业机会和财富。

（二）支持中小企业发展，增强经济活力

中小企业是经济发展的重要力量，也是缩小贫富差距的关键环节。然而，中小企业常面临融资难、融资贵的问题，制约了其发展。融资活动通过提供资金支持，解决中小企业的资金瓶颈，推动其快速发展。

随着中小企业的成长，它们不仅创造更多就业机会，还带动相关产业发展，提高整体社会经济水平。此外，中小企业的发展提升经济的创新能力和竞争力，推动产业升级和转型，为缩小贫富差距创造有利条件。

（三）推动创业创新，激发社会活力

创业创新是推动经济发展的重要动力，也是缩小贫富差距的重要途径。融资活动通过为创业者和创新项目提供资金支持，激发社会创新活力，推动新产业、新业态发展。

创业创新不仅能创造新的经济增长点，还能带动就业、提高收入，为缩

小贫富差距提供有力支持。同时，创业创新推动社会进步和文明发展，提高人民的生活质量和幸福感。

（四）提升贫困地区发展能力，促进区域均衡发展

贫困地区常面临资金短缺、基础设施落后等问题，制约其经济发展和社会进步。融资活动通过为贫困地区提供资金支持，改善基础设施条件，推动产业发展，提升当地人民生活水平。

金融机构可通过扶贫贷款、产业基金等方式，将资金投入贫困地区的特色产业和基础设施建设，帮助当地人民脱贫致富。同时，引入外部投资者和合作伙伴，推动当地经济开放和发展，实现区域均衡发展。

（五）增强金融普惠性，拓宽融资渠道

缩小贫富差距的关键在于实现金融普惠性，确保广大人民群众能享受便捷、高效的金融服务。融资活动通过拓宽融资渠道、降低融资门槛，增强金融普惠性，使更多人受益于金融服务。

政府和社会各界应积极推动金融创新和改革，为贫困人群和中小企业提供更多元化、灵活的融资方式。同时，加强金融监管和风险防控，确保融资活动安全稳健运行。

四、优化融资环境对实现共同富裕的意义

共同富裕是社会主义的本质要求，也是全体人民的共同期盼。实现共同富裕，需要多方面的努力和措施，其中优化融资环境是至关重要的一环。融资环境的优化不仅有助于提升经济发展的质量和效益，还能够促进资源的合理分配和社会公平，为实现共同富裕提供坚实的支撑。

（一）优化融资环境有助于提升经济发展质量

优化融资环境能够降低企业的融资成本，提高融资效率，从而激发市场

主体的活力和创造力。良好的融资环境使企业更便捷地获得所需资金，用于扩大生产规模、改进技术设备、提高生产效率等方面，推动经济结构优化升级，提高经济发展质量和效益。

同时，优化融资环境促进创新创业，为经济发展注入新动力。在资金充足、融资便利的条件下，更多创业者迈出创业第一步，更多创新项目得以孵化和发展。这有助于形成创新驱动的发展新格局，推动经济实现更高质量的发展。

（二）优化融资环境有助于促进资源合理分配

优化融资环境有助于实现资源的合理配置和高效利用。资金市场中，融资环境的好坏直接影响资金的流向和分配。优化融资环境意味打破信息不对称和融资壁垒，使资金更公平、透明地流向需要支持的领域和项目。

通过优化融资环境，资金更多流向中小企业、农村地区及贫困地区等经济薄弱环节，缓解这些地区的资金短缺问题，推动其经济发展和社会进步。同时，优化融资环境促进产业结构的调整和优化，推动经济实现协调发展。

（三）优化融资环境有助于促进社会公平

实现共同富裕需要缩小贫富差距、促进社会公平。优化融资环境在一定程度上缓解社会不公平现象，为实现共同富裕创造有利条件。

在融资环境优化的条件下，贫困人口和低收入群体也能获得一定融资支持，用于发展生产、改善生活等方面，提高其收入水平和生活质量，缩小贫富差距。同时，优化融资环境促进教育、医疗等公共事业发展，提高社会整体福利水平，进一步促进社会公平。

（四）优化融资环境有助于激发市场活力

市场活力是经济发展的重要推动力，融资环境的优化激发市场活力。优化融资环境降低市场主体的融资门槛和成本，提高其融资可获得性和便利性，激发市场主体的积极性和创造力，推动市场更加活跃和繁荣。

充满活力的市场中，各种创新要素得以充分涌流和有效配置，为经济发展注入源源不断的动力。同时，优化融资环境促进市场竞争加剧和升级，推动市场主体不断提高自身的竞争力和创新能力，进一步推动经济发展和繁荣。

（五）优化融资环境有助于增强经济韧性

面对复杂多变的国内外经济形势，优化融资环境增强经济的韧性和抗风险能力。良好融资环境下，企业更灵活地调整经营策略和投资方向，应对市场变化和风险挑战。同时，金融机构通过创新金融产品和服务，为企业提供更加多元化的融资支持，帮助其渡过难关并实现稳健发展。

具有韧性的经济体系更好抵御外部冲击和风险挑战，保持经济的平稳运行和持续发展，为实现共同富裕提供更加坚实的基础和保障。

第五章　数字化时代的民营经济社会责任

第一节　社会责任的概念与演进

一、社会责任的定义及其内涵

社会责任是一个广泛而深刻的概念，它涉及个体、组织乃至整个社会对于社会利益、道德义务和可持续发展的承诺与行动。在探讨社会责任的定义及其内涵时，我们需要从多个维度进行深入剖析，以期全面理解其重要性和实践意义。

从定义上看，社会责任指的是一个组织或个人在追求其经济利益的同时，所应遵守的道德准则，包括对政府、社区、环境保护、公益事业等方面所承担的义务。这个定义强调了社会责任的双重性：一方面，它是对社会利益的一种承诺和尊重。另一方面，它也是对自身行为的一种约束和规范。

进一步解析社会责任的内涵，我们可以从以下几个方面入手：

（一）经济责任

经济责任是社会责任的基础。组织和个人在追求经济利益的同时，需遵守法律法规、诚信经营、保障消费者合法权益。这不仅是维护市场秩序的需要，也是塑造良好企业形象、提升竞争力的关键。通过合法合规的经营活动，企业能为社会创造更多财富和价值，推动经济持续发展。

（二）法律责任

法律责任是社会责任的重要组成部分。组织和个人必须遵守国家法律法规，尊重知识产权，保护劳动者权益，维护社会公平正义。这不仅是法律的要求，也是道德底线的体现。遵守法律，企业能树立良好社会形象，赢得公众信任和尊重。

（三）道德责任

道德责任是社会责任的高级形态。它要求组织和个人在追求经济利益的同时，关注社会伦理和道德标准，积极履行社会道德义务。这包括关心员工福利、支持公益事业、参与社会救助等。通过履行道德责任，企业能提升社会声誉和品牌价值，增强与社会的互动和联系。

（四）环境责任

随着环境问题日益突出，环境责任逐渐成为社会责任的重要内容。组织和个人需关注环境保护，采取节能减排、资源循环利用等措施，降低对环境的负面影响。同时，企业还应积极参与环保公益活动，推动社会可持续发展。履行环境责任，企业实现经济效益与环境效益的双赢，为子孙后代留下美好家园。

（五）持续发展的责任

持续发展的责任强调组织和个人在追求当前利益的同时，要考虑未来的可持续发展。这包括关注社会长远利益、推动技术创新、培养可持续发展人才等。通过履行持续发展的责任，企业能在激烈的市场竞争中保持长久竞争力，同时为社会创造更多价值。

社会责任的内涵丰富多样，涵盖经济、法律、道德、环境等多个方面，体现组织和个人对社会整体利益的关注和贡献。实践中，需全面把握社会责任的内涵和要求，积极履行社会责任，推动社会和谐发展。

履行社会责任非一蹴而就，需组织和个人付出持续努力和坚持。首先，树立正确的社会责任观念，认识社会责任的重要性和必要性。其次，建立完善的社会责任体系，明确社会责任的目标和任务，制定具体实施计划和措施。最后，加强社会责任的监督和评估，确保社会责任的履行取得实效。

此外，政府、社会组织和公众也应积极参与社会责任的履行和监督。政府通过制定相关政策法规，引导和规范企业履行社会责任；社会组织发挥桥梁纽带作用，推动企业与社会之间的沟通与合作；公众通过舆论监督、消费选择等方式，促进企业履行社会责任。

总之，社会责任是一个复杂而重要的概念，涵盖多个方面的内涵和要求。需全面理解社会责任的定义和内涵，积极履行社会责任，推动社会和谐发展。同时，加强社会责任的宣传和教育，提高全社会的社会责任意识，共同构建更美好、更和谐的社会。

二、社会责任理念的发展与演进

社会责任理念是组织和个人对其在社会中所承担义务和责任的认知与态度。这一理念的形成与发展并非一蹴而就，而是伴随着社会的不断进步和人类文明的不断发展而逐步演进和完善的。

在早期的商业活动中，企业的主要目标往往是追求经济利益最大化，社会责任通常被忽视或置于次要地位。然而，随着工业革命的兴起和资本主义的快速发展，社会问题逐渐凸显，人们开始意识到企业不仅是一个经济实体，更是社会成员，需承担相应的社会责任。

20世纪初，随着环境保护和劳工权益等问题的日益突出，社会责任理念开始进入人们的视野。一些先驱者倡导企业关注员工福利、环境保护和社区发展，推动企业的经营活动与社会利益相结合。这一时期，社会责任主要关注企业的内部运营和对员工的责任。

到了 20 世纪中期，随着全球化和跨国公司的兴起，社会责任的范畴进一步扩展。企业意识到其经营活动对全球环境和社会的影响，开始关注全球性问题，如气候变化、贫困和疾病等。同时，消费者和公众对企业的期望也在不断提高，他们希望企业在追求经济利益的同时，积极履行社会责任，为社会做出贡献。

进入 21 世纪，社会责任理念得到了更广泛的关注和认同。国际组织、政府机构和非政府组织纷纷出台相关政策和标准，推动企业履行社会责任。例如，联合国推出全球契约，倡导企业在人权、劳工、环境和反腐败等方面遵守国际公认的原则；国际标准化组织制定社会责任国际标准（ISO 26000），为企业履行社会责任提供指导和规范。

与此同时，社会责任理念逐渐从单一的道德要求转变为战略选择。越来越多的企业将社会责任纳入其战略规划和业务发展中，通过履行社会责任增强品牌形象、提升市场竞争力。这种转变不仅反映企业对社会责任的深刻认识，也体现社会责任理念在企业发展中的重要作用。

在社会责任理念的发展与演进过程中，不同利益相关者之间的合作与互动起到关键作用。政府、企业、消费者、非政府组织等各方共同参与社会责任的推动和实践，形成多元共治的社会责任格局。这种格局有助于整合各方资源、凝聚共识，推动社会责任理念在更广泛的范围内得到落实和推广。

此外，随着科技的进步和信息传播的快速发展，社会责任理念得到更广泛的传播和普及。通过互联网、社交媒体等渠道，人们可以更方便地了解企业的社会责任实践和社会问题，从而对企业提出更高的期望和要求，这种信息透明化和公众参与度的提高进一步推动了社会责任理念的发展。

回顾社会责任理念的发展与演进历程，可以看到它是一个不断深化、不断完善的过程。从最初的经济利益导向到如今的综合利益平衡，从单一的道德要求到战略选择的转变，社会责任理念已深入人心，成为现代社会不可或缺的一部分。

然而，我们也必须认识到，社会责任理念的落实和推进仍面临诸多挑战和困难。例如，一些企业可能出于短期利益的考虑而忽视社会责任；一些地区可能存在社会责任意识薄弱、法规制度不健全等问题。因此，我们需继续加强社会责任理念的宣传和教育，提高全社会的认知度和认同感。同时，还需加强政府、企业和社会各方的合作与沟通，共同推动社会责任理念的发展与实践。

总之，社会责任理念的发展与演进是一个不断进步的过程，它需要我们共同努力、持续推动。只有通过不断的实践和探索，才能不断完善社会责任理念，为社会的和谐发展和人类的共同繁荣做出更大的贡献。

三、社会责任在现代企业中的重要性

（一）概述

随着全球经济的持续发展和全球化的深入推进，现代企业所承担的社会责任日益凸显。社会责任不仅影响企业的经济效益，更涉及企业的声誉、可持续发展及与社会各界的和谐关系。因此，现代企业必须充分认识并切实履行社会责任，以实现经济效益与社会效益的双赢。

（二）履行社会责任企业形象创新与社会和谐的三大支柱

履行社会责任是现代企业提升形象与品牌价值的重要途径。通过关注环境保护、员工福利、社区发展等议题，企业能够展示其积极、正面的社会形象，赢得公众的信任和支持。这种信任和支持有助于企业在激烈的市场竞争中脱颖而出，提升品牌知名度和美誉度。此外，履行社会责任还能帮助企业塑造良好的企业文化和价值观。一个积极履行社会责任的企业，往往能激发员工的归属感和自豪感，增强企业的凝聚力和向心力。这种企业文化和价值观的塑造，有助于企业形成独特的竞争优势，实现可持续发展。

社会责任的履行也是推动企业创新与发展的重要动力。在追求经济效益的同时，企业需要关注社会和环境问题，积极寻找解决方案。这种关注和探索不仅有助于企业发现新的商业机会和增长点，还能推动企业不断创新和进步。此外，履行社会责任还能帮助企业拓展市场和资源。通过与政府、社区、非政府组织等各方建立合作关系，企业能够获取更多的政策支持和资源支持，为其创新和发展提供有力保障。

现代企业作为社会的重要组成部分，其履行社会责任的行为对于促进社会和谐与进步具有重要意义。通过关注社会问题、支持公益事业、参与社区建设等方式，企业能够为社会做出贡献，推动社会的和谐与稳定。同时，履行社会责任还有助于企业与社会各界建立良好的互动关系。通过与政府、消费者、媒体等各方保持沟通与合作，企业能更好地了解社会需求和期望，从而调整自身的发展战略和经营模式，实现与社会发展的共同进步。

（三）现代企业履行社会责任的途径与策略

企业应建立完善的社会责任管理体系，明确社会责任的目标和任务，制定具体的实施计划和措施。通过设立专门的社会责任部门或委员会，负责统筹协调企业的社会责任工作，确保社会责任的履行得到有效落实。企业应加强对员工的培训和教育，提升员工对社会责任的认识和重视程度。通过举办相关讲座、培训活动等方式，使员工了解社会责任的内涵和要求，增强履行社会责任的自觉性和主动性。

企业应积极参与公益活动和社区建设，为社会做出贡献。通过捐款捐物、志愿服务、支持教育等方式，帮助弱势群体改善生活条件，推动社区的和谐与发展。企业应加强与政府、社会各界的沟通与合作，共同推动社会责任的履行。通过与政府建立合作关系，获取政策支持和指导；与媒体保持良好关系，传播企业的社会责任理念和实践；与非政府组织、社区组织等建立合作伙伴关系，共同开展公益项目和活动。

四、社会责任与可持续发展的关系

在现代社会，随着经济的快速增长和全球化的深入推进，企业社会责任和可持续发展已成为两个日益受到关注的重要议题。这两者之间存在着紧密的联系，互相促进、互为依存。

（一）社会责任的内涵及其对可持续发展的影响

社会责任是指企业在追求经济利益的同时，应当积极履行对股东、员工、消费者、社会和环境等方面的责任。这包括遵守法律法规、保障员工权益、保护消费者权益、关注环境保护、参与社会公益等多个方面。社会责任的履行不仅有助于提升企业的品牌形象和声誉，还能够增强企业的社会认同感和信任度，为企业的长期发展奠定坚实基础。

社会责任的履行对可持续发展具有深远影响。首先，通过关注环境保护和资源利用，企业能够推动绿色生产和循环经济，减少对环境的负面影响，促进生态系统的平衡和可持续发展。其次，通过保障员工权益和福利，企业能够激发员工的积极性和创造力，提高企业的生产效率和竞争力，从而实现经济效益与社会效益的双赢。此外，通过关注社会问题和参与公益事业，企业能够积极回应社会期望和需求，推动社会的和谐与进步。

（二）可持续发展对企业社会责任的推动与要求

可持续发展是一种注重经济、社会和环境协调发展的理念。它强调在满足当前需求的同时，不损害未来世代满足自身需求的能力。可持续发展的实践要求企业在追求经济利益的同时，充分考虑社会和环境的影响，实现经济效益、社会效益和环境效益的协调统一。

可持续发展的理念对企业社会责任提出了更高要求。首先，企业需要转变传统的经营理念和模式，将可持续发展纳入企业的发展战略和日常运营中。这包括优化生产流程、提高资源利用效率、减少污染物排放等方面。其次，企业需要加强与政府、社会组织和公众的沟通与合作，共同推动可持续发展的实现。通过与政府合作，企业可以获取政策支持和指导；与社会组织合作，企业可以获取专业资源和支持；与公众沟通，企业可以了解社会期望和需求，从而调整自身的发展策略。

（三）社会责任与可持续发展相互促进的案例分析

在实际运营中，许多企业已经开始积极探索社会责任与可持续发展的融合之路，并取得了一定的成效。例如，一些企业通过开展绿色生产、循环经济等环保活动，积极履行环境保护责任，不仅降低了生产成本，还提高了产品质量和市场竞争力。同时，这些企业还通过参与社会公益事业、支持教育、扶贫等活动，积极履行社会责任，赢得了社会的广泛认可和尊重。

此外，一些行业领军企业还通过制定可持续发展战略、建立社会责任管理体系等方式，将社会责任和可持续发展理念融入企业的日常运营中。这些企业通过优化供应链管理、推动绿色采购、加强员工培训和意识提升等措施，全面提升企业的社会责任履行能力和可持续发展水平。

（四）社会责任与可持续发展关系的未来展望

随着全球环境问题和社会问题的日益突出，社会责任和可持续发展将成为企业未来发展的重要方向。未来，企业需要更加深入地理解和实践社会责任和可持续发展的理念，将其贯穿于企业的各个方面和环节。同时，政府和社会各界也应加强对企业履行社会责任和推动可持续发展的支持和引导，为企业创造更加良好的发展环境。

在未来的发展中，我们期待看到更多的企业能够积极履行社会责任，推动可持续发展。我们相信，在企业的共同努力下，一定能够实现经济、社会和环境的协调发展，为构建更加美好的未来做出积极的贡献。

第二节 民营企业社会责任的现状

一、民营企业履行社会责任的情况与成果

随着我国经济的蓬勃发展，民营企业在国民经济中的地位日益凸显，成为推动社会进步的重要力量。作为市场主体，民营企业在追求经济效益的同时，也逐渐认识到履行社会责任的重要性。

（一）民营企业履行社会责任的情况

民营企业在环境保护方面日益发挥重要作用。越来越多的企业开始关注生产过程中的环境问题，积极采取节能减排措施，推动绿色生产。一些企业还投入巨资研发环保技术，努力降低污染物排放，实现可持续发展。民营企业注重员工权益保障，依法签订劳动合同，按时足额支付工资，保障员工的合法权益。同时，企业还加强员工培训和职业发展规划，提升员工的综合素质和竞争力，为员工创造更好的职业发展环境。

民营企业始终坚持以消费者为中心的经营理念，注重产品质量和售后服务。企业加强产品质量监管，确保产品安全可靠。同时，建立完善的售后服务体系，及时解决消费者的问题和诉求，赢得了消费者的信任和好评。民营企业积极参与社会公益事业，通过捐款捐物、志愿服务等方式回馈社会。在扶贫济困、教育医疗、灾害救援等领域，民营企业都发挥了重要作用，为社会和谐稳定做出了积极贡献。

（二）民营企业履行社会责任的成果

民营企业通过履行社会责任，提升了企业形象和品牌价值。企业的环保举措、员工关怀、消费者保护和社会公益行为，都为企业赢得了良好的社会

声誉和口碑。这种正面形象不仅增强了消费者对企业的信任度，也提升了企业的市场竞争力。履行社会责任有助于民营企业的可持续发展。通过关注环境、员工、消费者和社会等方面的问题，企业能够建立起与各方利益相关者的良好关系，形成共赢的发展格局。这种发展方式不仅有利于企业的长期经济效益，也有助于实现经济、社会和环境的协调发展。

民营企业在履行社会责任的过程中，积极推广先进的经营理念和管理模式，推动了整个行业的进步。同时，企业的公益行为也促进了社会的和谐稳定，增强了社会的凝聚力和向心力。这些成果不仅体现了民营企业的社会责任担当，也为社会的繁荣与进步做出了积极贡献。

（三）民营企业履行社会责任的挑战与对策

尽管民营企业在履行社会责任方面取得了显著成果，但仍面临一些挑战。例如，一些企业对社会责任的认识不够深入，履行社会责任的意愿和能力有待提高；同时，部分企业在追求经济效益的过程中，可能忽视社会责任的履行。

针对这些挑战，民营企业应采取以下对策：一是加强社会责任意识教育，提高企业对社会责任重要性的认识；二是建立完善的社会责任管理体系，明确社会责任的目标和任务，确保社会责任的履行得到有效落实；三是加强与政府、社会组织和公众的沟通与合作，共同推动社会责任的履行和推进。

二、民营企业社会责任实践的典型案例

随着全球经济一体化的加速推进，民营企业在社会经济发展中扮演着越来越重要的角色。在追求经济效益的同时，越来越多的民营企业开始重视并履行社会责任，积极投身社会公益事业，为社会进步贡献力量。以下将详细介绍几个典型的民营企业社会责任实践案例，以展现其积极作为和显著成果。

（一）腾讯集团：科技助力社会公益，创新履行社会责任

腾讯集团作为我国互联网领域的领军企业，始终秉持"科技向善"的理念，积极履行社会责任。在网络安全领域，腾讯依托强大的技术实力，不断创新和完善网络安全防护体系，为亿万用户提供安全可靠的网络环境。同时，腾讯积极参与打击网络犯罪、保护未成年人网络安全等公益事业，为社会和谐稳定贡献力量。

此外，腾讯关注教育、医疗、扶贫等社会领域，通过捐款捐物、技术支持等方式，帮助弱势群体改善生活条件。例如，腾讯发起的"筑力计划"公益项目，旨在通过科技手段提升乡村教育水平，为贫困地区的孩子们提供更好的教育资源。

（二）新希望集团：农业产业化推动，助力乡村振兴

新希望集团作为我国农业产业化的领军企业，始终坚持以人为本、回报社会的企业理念。在推动农业现代化的过程中，新希望集团不仅注重经济效益，更关注农民利益和社会可持续发展。

近年来，新希望集团积极参与精准扶贫工作，通过投入资金和技术，推动贫困地区农业发展，帮助当地农民脱贫致富。同时，新希望致力于环境保护和资源循环利用，开展绿色农业生产，推动农业可持续发展。此外，新希望关注农村教育、医疗等公益事业，为乡村振兴贡献力量。

（三）美心集团：文旅康养项目，助力乡村振兴

美心集团作为一家集房地产、旅游、文化等多元化产业于一体的民营企业，积极履行社会责任，投身乡村振兴事业。近年来，美心集团在涪陵区全资打造的大型文旅项目——美心红酒小镇旅游度假区，成为乡村振兴的典型案例。

该项目以创建国家 5A 级旅游度假区为目标，践行乡村振兴战略，深化

农旅融合。通过建设泡桐大健康产业园、全国首个农旅＋智慧高速路服务区综合体、全国规模最大的过山车主题公园等项目，美心集团为当地带来了显著的经济效益和社会效益。同时，美心通过发展乡村旅游、推广特色农产品等方式，带动当地农民增收致富，助力乡村振兴。

（四）海尔集团：绿色环保生产，推动可持续发展

海尔集团作为我国知名的家电企业，始终将绿色环保理念贯穿于产品生产和经营管理的全过程。海尔积极采用环保材料和节能技术，推动家电产品的绿色制造和循环利用。同时，海尔加强废旧家电回收和处理工作，减少环境污染和资源浪费。

此外，海尔积极参与社会公益事业，通过捐款捐物、技术支持等方式，支持教育、医疗、扶贫等领域的发展。海尔还倡导员工参与志愿服务活动，为社会和谐稳定贡献力量。

（五）三一重工集团：注重员工福祉，构建和谐企业

三一重工集团作为我国工程机械行业的领军企业，不仅致力于提供高品质的产品和服务，还注重员工培训和福利保障。三一重工集团建立了完善的员工培训体系，不断提升员工的技能和素质，为员工的职业发展提供有力支持。同时，三一重工关注员工的身心健康，加强员工关怀和福利保障，营造和谐的企业氛围。

此外，三一重工积极参与社会公益事业，通过捐款捐物、技术支持等方式支持灾区重建、扶贫济困等公益事业。三一重工还倡导员工参与志愿服务活动，传递爱心和正能量。

（六）好医生集团：产业扶贫，践行社会责任

好医生集团自成立以来，始终秉承"做好人、制好药"的企业理念，在追求自身健康发展的同时，积极履行社会责任。好医生集团通过建立中药材

种养殖加工生产研发和销售为一体的全产业链条，推广适宜中药材的生产技术，连续多年投身凉山州脱贫攻坚工作。

经过多年的努力，好医生集团成功将附子、川续断、木香等中药材种植拓展至凉山州多个县乡，带动大量农户脱贫致富。同时，好医生注重环境保护和可持续发展，在中药材种植过程中采用生态友好的种植方式，保护生态环境。此外，好医生积极参与捐资助学、抗震救灾等公益事业，为社会的稳定发展贡献力量。

三、民营企业社会责任的评估与改进

在全球化日益深入的今天，民营企业的社会责任已不仅仅是一种道德要求，更是其可持续发展的必然选择。社会责任的履行不仅关乎企业自身的形象和声誉，更与社会和谐、环境保护以及公众利益息息相关。因此，对民营企业社会责任的评估与改进显得尤为重要。

（一）民营企业社会责任的评估

民营企业社会责任的评估是对企业履行社会责任情况的全面审视和衡量。一个科学、客观、公正的评估体系，能够帮助企业发现自身在社会责任履行方面存在的问题和不足，进而为改进提供方向和依据。

构建民营企业社会责任评估指标体系是评估工作的基础。该体系应涵盖经济、环境、社会等多个维度，包括企业的经济效益、资源消耗、污染排放、员工权益保障、消费者权益保护、公益慈善活动等方面。同时，指标的选择应具有代表性、可操作性和可比性，以确保评估结果的准确性和有效性。数据收集是评估工作的关键环节。企业需通过问卷调查、实地走访、公开资料收集等多种方式，获取关于社会责任履行的相关数据和信息。随后，利用统计学和数据分析方法对数据进行处理和分析，以揭示企业在各个指标上的表现情况。

评估结果的呈现应直观、清晰，便于企业理解和接受。评估报告应详细阐述企业在各个指标上的得分情况、排名情况，以及与其他企业的对比情况。同时，报告还应深入分析企业履行社会责任的优势和不足，提出针对性的改进建议。

（二）民营企业社会责任的改进

基于评估结果，民营企业可以针对自身在社会责任履行方面存在的问题和不足，制定具体的改进措施和行动计划。

企业应加强对员工的社会责任教育和培训，提高员工对社会责任的认识和重视程度。同时，企业领导层也应树立正确的社会责任观念，将社会责任融入企业的战略规划和日常运营中。企业应通过改进生产流程、提高资源利用效率、降低污染排放等措施，实现经济效益与环境效益的双赢。此外，企业还应加强供应链管理，确保供应链中的合作伙伴也积极履行社会责任。

企业应依法保障员工的合法权益，包括签订劳动合同、按时足额支付工资、提供安全健康的工作环境等。同时，企业还应关注员工的职业发展需求，提供培训晋升机会，激发员工的工作积极性和创造力。企业应坚持诚信经营，确保产品和服务的质量和安全。同时，企业还应积极回应消费者的诉求和反馈，及时解决消费者的问题和纠纷，提升消费者的满意度和忠诚度。企业应积极参与社会公益事业，通过捐款捐物、志愿服务等方式回馈社会。企业还可以结合自身特点和优势，开展具有针对性的公益项目，推动社会进步和发展。

（三）建立持续改进机制

民营企业社会责任的履行是一个持续的过程，需要建立长效机制来保障其不断改进和提升。企业应定期对社会责任履行情况进行评估，及时发现存在的问题和不足。同时，企业还应建立有效的反馈机制，将评估结果和改进建议反馈给相关部门和人员，推动改进措施的实施。企业应建立激励与约束机制，对在社会责任履行方面表现突出的部门和个人给予表彰和奖励；对未能履行社会责任或履行不力的部门和个人进行问责和惩罚。这有助于激发企业全员参与社会责任履行的积极性和主动性。

企业应积极履行信息公开义务，定期发布社会责任报告和相关信息，接受社会公众和利益相关方的监督。同时，企业还应加强与政府、媒体、社会组织等各方的合作与沟通，共同推动社会责任的履行和改进。

第三节　数字技术在社会责任中的应用

一、数字技术在提升企业透明度与公开性中的作用

随着科技的飞速发展，数字技术已成为推动企业进步的重要力量。特别是在提升企业透明度和公开性方面，数字技术发挥着不可替代的作用。

（一）数字技术在提升企业内部透明度方面的作用

企业内部透明度是指企业内部信息在管理层与员工之间、各部门之间的流通和共享程度。数字技术的应用，使得企业内部信息的传递更加高效、准确。

首先，通过建设企业内部信息管理系统，数字技术可以实现企业内部信息的实时更新和共享。无论是财务报表、业务数据还是员工绩效，都可以通过系统平台进行快速查阅和对比，从而确保信息的准确性和一致性。这有助于消除信息壁垒，提高决策效率。其次，数字技术还可以帮助企业建立有效的沟通机制。通过企业内部社交平台、即时通讯工具等，员工可以实时交流工作进展、分享经验和知识，从而增进彼此之间的了解和信任。这种透明的沟通氛围有助于激发员工的积极性和创造力，推动企业的持续发展。

（二）数字技术在提升企业对外公开性方面的作用

企业对外公开性是指企业向外部利益相关者如投资者、消费者、合作伙

伴等披露信息的程度。数字技术的应用，使得企业对外公开信息更加便捷、广泛。

首先，通过建设企业官方网站、社交媒体平台等，数字技术可以为企业提供多样化的信息披露渠道。企业可以通过这些平台及时发布新闻动态、财务报告、产品信息等内容，让外部利益相关者了解企业的经营状况和发展战略。这有助于增强企业的公信力和形象，提升投资者的信心。其次，数字技术还可以帮助企业加强与外部利益相关者的互动。通过在线调研、论坛讨论、问答互动等方式，企业可以收集外部利益相关者的意见和建议，从而更好地满足他们的需求。这种互动不仅有助于提升企业的服务质量和客户满意度，还能为企业带来新的商业机会和合作伙伴。

（三）数字技术在提升企业透明度和公开性中的创新应用

除了传统的信息披露和沟通方式外，数字技术还在不断创新应用，为企业透明度和公开性的提升带来更多可能性。

例如，区块链技术作为一种去中心化、不可篡改的数据存储方式，可以为企业提供更安全、可靠的信息披露解决方案。通过将重要信息上链存储，企业可以确保信息的真实性和完整性，从而增强外部利益相关者的信任度。

此外，人工智能和大数据技术的应用也为企业透明度和公开性的提升提供了有力支持。通过对海量数据的收集、分析和挖掘，企业可以更深入地了解市场趋势、客户需求等信息，为决策提供更准确的依据。同时，人工智能技术还可以帮助企业实现自动化的信息披露和沟通，提高工作效率和准确性。

（四）数字技术在提升企业透明度和公开性中的挑战与应对

尽管数字技术在提升企业透明度和公开性方面具有诸多优势，但也存在一些挑战需要应对。

首先，数据安全和隐私保护问题是数字技术应用中不可忽视的一环。企业需要加强对数据的加密和防护，防止数据泄露和滥用。同时，企业还应遵守相关法律法规，尊重用户的隐私权益，确保信息披露的合规性。其次，数字技术的更新换代速度较快，企业需要不断跟进新技术的发展和应用。这要求企业具备创新意识和学习能力，积极探索适合自身发展的数字技术解决方案。此外，企业还需要加强内部员工的数字技能培训，提高员工对数字技术的理解和应用能力。只有员工具备足够的数字素养，才能更好地发挥数字技术在提升企业透明度和公开性中的作用。

二、数字技术在监测和评估社会责任绩效中的应用

在全球化日益加剧的今天，企业社会责任不再是一个简单的道德议题，而是成为企业可持续发展的重要组成部分。社会责任绩效的监测与评估，对于企业识别自身在社会责任履行方面的优势和不足，进而制定改进策略，具有至关重要的作用。数字技术的快速发展，为社会责任绩效的监测与评估提供了强大的工具和手段。

（一）数字技术提升社会责任绩效监测的实时性和准确性

传统的社会责任绩效监测往往依赖于手工收集数据和人工分析，这种方式不仅效率低下，而且容易受到人为因素的影响，导致数据的准确性和可靠性受到质疑。数字技术的应用则能够大大提升社会责任绩效监测的实时性和准确性。

首先，通过传感器、物联网等技术的应用，企业可以实时收集与社会责任相关的数据，如环境污染排放、能源消耗、员工健康与安全等。这些实时数据能够为企业提供一个全面、准确的社会责任绩效画像，帮助企业及时发现问题并采取相应的改进措施。其次，大数据技术能够对海量数据进行高效处理和分析，从而挖掘出有价值的信息。通过对社会责任绩效数据的深度挖掘，企业可以更加准确地评估自身在社会责任方面的表现，发现潜在的风险和机会。

（二）数字技术增强社会责任绩效评估的客观性和公正性

社会责任绩效评估需要确保评估结果的客观性和公正性，以避免主观因素的影响。数字技术的应用，可以通过建立标准化的评估模型和算法，提高评估的客观性和公正性。

一方面，数字技术可以构建基于大数据和人工智能的评估模型，通过对历史数据的学习和分析，自动生成评估结果。这种自动化的评估方式能够减少人为干预，降低主观因素对评估结果的影响。另一方面，数字技术还可以实现评估过程的透明化和可追溯性。通过建立评估数据的可视化展示平台，企业可以清晰地看到评估过程中数据的来源、处理和分析过程，从而增强评估结果的公信力。

（三）数字技术优化社会责任绩效改进策略的制定

社会责任绩效的监测与评估不仅仅是为了了解企业在社会责任方面的表现，更重要的是为了制定有效的改进策略。数字技术的应用，可以帮助企业更加精准地制定社会责任绩效改进策略。

一方面，数字技术可以通过预测模型和分析算法，预测企业在社会责任方面可能面临的挑战和机遇。这些预测结果可以为企业制定应对策略提供有力的支持，帮助企业提前做好准备，应对可能出现的问题。另一方面，数字技术还可以为企业提供个性化的改进方案。通过对企业社会责任绩效数据的深度分析，数字技术可以发现企业在不同方面的优势和不足，并为企业提供针对性的改进建议。这些个性化的改进方案能够帮助企业更加精准地解决自身在社会责任方面的问题，提升社会责任绩效水平。

（四）数字技术推动社会责任绩效监测与评估的普及化和标准化

随着数字技术的普及和应用成本的降低，越来越多的企业开始利用数字技术来监测和评估自身的社会责任绩效。这不仅推动了社会责任绩效监测与评估的普及化，还促进了相关标准和规范的制定。

一方面，数字技术的应用使得社会责任绩效监测与评估变得更加便捷和高效，降低了企业的实施成本。这使得更多的中小企业也能够参与到社会责任绩效的监测与评估中来，推动了社会责任绩效管理的普及化。另一方面，随着数字技术在社会责任绩效监测与评估中的应用越来越广泛，相关的标准和规范也逐渐形成和完善。这些标准和规范为企业在社会责任绩效监测与评估方面提供了明确的指导和规范，有助于提升整个行业的社会责任绩效管理水平。

三、数字技术在促进企业与社会互动与合作中的作用

随着信息技术的迅猛发展，数字技术已经渗透到社会的各个领域，并在促进企业与社会互动与合作中发挥着越来越重要的作用。数字技术不仅改变了企业与社会的沟通方式，还为企业提供了更广阔的合作平台和资源，进一步推动了企业与社会的深度融合。

（一）数字技术促进企业与社会信息的高效交流与共享

数字技术为企业与社会搭建了一个高效、便捷的信息交流平台。通过互联网和社交媒体等数字渠道，企业能够迅速发布产品信息、市场动态和企业文化等内容，吸引社会的关注与参与。同时，社会也可以通过这些渠道了解企业的最新动态，提出意见和建议，与企业实现互动。这种信息的高效交流与共享，有助于增强企业与社会的相互了解和信任，为企业赢得更多社会支持和合作机会。

（二）数字技术提升企业与社会合作的效率与便利性

数字技术使企业与社会之间的合作变得更加高效和便利。通过云计算和大数据等技术，企业能够实现对合作项目的精准管理和优化，从而提高合作效率。此外，数字技术还为企业提供了远程协作和在线会议等新型合作方式，

打破了地域和时间的限制，使得企业能够更加灵活地与社会各方进行合作。不仅如此，数字技术还能够帮助企业实现资源的有效共享和互补，从而降低合作成本，提高合作效益。

（三）数字技术拓展企业与社会合作的领域与范围

数字技术为企业与社会合作提供了更广阔的领域和范围。通过数字技术的应用，企业能够与社会各界开展跨界合作，共同探索新的商业模式和创新路径。例如，企业可与高校、科研机构合作，共同研发新技术和新产品；也可以与政府部门、行业协会等合作，共同推动行业发展和政策制定。这些跨界合作不仅有助于企业获取更多创新资源和市场机会，还能促进社会的整体进步和发展。

（四）数字技术推动企业与社会的社会责任体系共建

数字技术为企业与社会共建社会责任体系提供了有力支持。通过数字技术，企业能够更加透明地披露社会责任信息，接受社会的监督和评价。同时，数字技术也能帮助企业更好地了解社会的需求和期望，制定更加符合社会利益的发展战略。此外，数字技术还为企业的公益合作提供便利，例如通过在线募捐和公益众筹等方式筹集资金和资源，共同推动社会公益事业的发展。这些措施有助于提升企业的社会形象和声誉，增强企业的社会责任感和使命感。

（五）数字技术促进企业与社会文化的融合与创新

数字技术还为企业与社会文化的融合与创新提供了契机。通过数字技术的运用，企业可以将自身文化与社会文化相结合，创造出更加丰富多彩的文化产品。例如，企业可以通过社交媒体等平台推广企业文化和价值观，增强社会对企业的认同感和归属感；企业还可以通过数字艺术和虚拟现实等技术手段，打造具有独特魅力的品牌形象和文化氛围。这些文化融合与创新不仅能够提升企业的文化内涵和附加值，还能促进社会的文化多样性和创造力。

（六）数字技术在企业与社会互动与合作中的挑战与应对

尽管数字技术在促进企业与社会互动与合作中发挥了重要作用，但也面临一些挑战需要应对。首先，数据安全和隐私保护问题日益突出，企业需要加强数据管理和保护措施，确保信息安全。其次，数字技术的更新换代速度较快，企业需不断跟进新技术的发展和应用，以保持竞争优势。此外，数字技术的普及程度和应用水平在不同地区和行业中存在差异，企业需因地制宜地制定合适的互动与合作策略。

针对这些挑战，企业可以采取以下措施：一是加强数据安全管理和隐私保护意识，建立完善的数据管理制度和应急预案；二是积极拥抱新技术，加强技术研发和人才培养，提升企业的数字化能力；三是加强与社会各方的沟通与合作，共同推动数字技术在企业与社会互动与合作中的应用和发展。

第四节　社会责任对企业形象与信誉的影响

一、社会责任对提升企业形象的重要性

在当今社会，随着全球化进程的加快和市场竞争的日益激烈，企业的成功不再仅仅取决于其经济绩效，而更多地在于其能否在经营活动中体现出高度的社会责任感。社会责任不仅关乎企业的长期发展，更是塑造和提升企业形象的关键因素。

（一）社会责任的内涵与意义

社会责任是指企业在追求经济效益的同时，积极履行对社会的责任和义务，关注社会利益，促进社会的和谐与进步。社会责任的内涵包括环境保护、

公益事业、员工权益保障、消费者权益保护等多个方面。

履行社会责任对企业具有重要意义。首先，社会责任是企业可持续发展的基石。通过关注环境保护和社会公益等方面，企业能够树立良好的社会形象，赢得公众的信任和支持，为长期发展奠定坚实基础。其次，社会责任有助于提升企业的市场竞争力。在日益激烈的市场竞争中，履行社会责任的企业往往能获得更多消费者认可和市场机会，从而在竞争中脱颖而出。

（二）履行社会责任是提升企业形象与可持续发展的关键

履行社会责任能增强企业的社会认同度。当企业积极参与公益事业、关注环境保护、保障员工权益时，公众会产生良好印象，认为该企业是有责任感、有担当的。这种正面的社会认同度有助于提升企业知名度和美誉度，进而增强品牌价值和市场竞争力。

社会责任是企业公众形象的重要组成部分。一个积极履行社会责任的企业，能在公众心中树立良好形象，成为值得信赖和尊重的企业。这种正面公众形象不仅有助于赢得消费者青睐，还能吸引更多合作伙伴和投资者，为长远发展提供有力支持。

履行社会责任有助于增强企业内部凝聚力。当企业关注员工权益、提供良好工作环境和福利待遇时，员工会感受到关爱和尊重，从而更积极地投入工作。这种内部凝聚力的提升有助于企业形成稳定、高效的团队，提高整体运营效率和市场竞争力。

社会责任是企业可持续发展的关键因素。通过履行社会责任，企业能与社会、环境和谐共生，实现经济效益和社会效益的双赢。这种可持续发展模式有助于企业在长期竞争中保持领先地位，实现持续、稳健的发展。

（三）履行社会责任的途径与方法

企业应制定明确的社会责任战略，将社会责任融入日常运营和管理中。这包括明确社会责任的目标、制定具体实施计划、建立有效监督评估机制等。

通过制定社会责任战略，企业能确保社会责任工作有序开展并取得实效。

企业应积极与利益相关者沟通与合作，包括政府、客户、员工、社区等。通过与利益相关者的合作，企业能更好地了解社会需求和期望，有针对性地履行社会责任，实现共赢发展。

企业应不断探索和创新社会责任实践方式，结合行业特点和实际情况，开展具有针对性的社会责任项目。例如，开展环保公益活动、支持教育事业、参与扶贫济困等。通过创新社会责任实践，企业能展示其独特社会价值，提升企业形象。

二、社会责任对企业信誉和竞争力的影响

在全球化日益深入的今天，企业的成功不再仅仅依赖于其经济绩效，而是更多地取决于其能否在经营活动中体现高度的社会责任感。社会责任不仅关乎企业的道德伦理，更是影响企业信誉和竞争力的关键因素。

（一）社会责任的内涵及其对企业的重要性

履行社会责任对企业具有重要意义。首先，社会责任是企业形象的重要体现。一个积极履行社会责任的企业，能够在公众心中树立良好的形象，赢得社会的尊重和信任。其次，社会责任有助于提升企业的信誉度。企业的信誉是其长期发展的基石，而履行社会责任是提升企业信誉的有效途径。最后，社会责任能够增强企业的竞争力。在市场竞争日益激烈的今天，积极履行社会责任的企业往往能够赢得更多的消费者认可和市场机会。

（二）社会责任对企业信誉的影响

履行社会责任能够增强公众对企业的信任度。当企业积极参与公益事业、关注环境保护、保障员工权益时，公众会对其产生良好的印象，认为该企业是有责任感、有担当的。这种信任度的提升有助于企业在市场竞争中脱颖而出，赢得更多的消费者支持和合作伙伴。

社会责任是企业品牌形象的重要组成部分。一个积极履行社会责任的企业，能够在消费者心中树立起良好的品牌形象，成为值得信赖的品牌。这种品牌形象的提升有助于企业提升市场份额和竞争力，实现可持续发展。

履行社会责任的企业往往能够在社会上建立良好的口碑。口碑的传播能够迅速扩大企业的知名度和影响力，吸引更多的潜在客户和合作伙伴。同时，良好的口碑还能够激发员工的归属感和自豪感，提升企业的内部凝聚力和向心力。

（三）社会责任对企业竞争力的影响

积极履行社会责任的企业往往能够吸引更多的优质人才。这是因为履行社会责任的企业在员工心目中具有更高的声誉和形象，能够为员工提供更好的工作环境和发展机会。优质人才的加入将进一步提升企业的创新能力和市场竞争力。

履行社会责任的企业往往能够获得更多的市场机会。一方面，积极参与公益事业的企业能够与政府、社区等建立良好的合作关系，获得政策支持和市场资源。另一方面，关注环境保护和消费者权益的企业能够赢得消费者的青睐和信任，提升市场份额和竞争力。

社会责任要求企业在发展过程中不断创新和进步。这种创新不仅体现在产品和服务上，还体现在企业的管理模式、经营策略等方面。通过履行社会责任，企业能够不断激发自身的创新潜力，提升整体竞争力。

三、民营企业如何通过履行社会责任增强品牌影响力

在市场竞争日益激烈的环境中，民营企业不仅需要在经济效益上取得突破，更需要在品牌影响力上有所建树。履行社会责任，作为一种有效的品牌塑造手段，正逐渐成为民营企业提升品牌影响力的重要途径。

（一）社会责任与品牌影响力的关系

社会责任是指企业在追求经济效益的同时，积极承担对社会的责任和义务，关注社会利益，促进社会的和谐与进步。品牌影响力则是指企业在消费者心目中的知名度和美誉度，以及由此产生的市场影响力。

履行社会责任与提升品牌影响力之间存在着密切的关系。首先，社会责任的履行有助于提升企业的公众形象，从而增强消费者对企业的信任感和好感度。其次，通过履行社会责任，企业能够展示其独特的价值观和企业文化，形成独特的品牌形象。最后，社会责任的履行能够为企业赢得更多的社会认同和支持，进一步提升品牌影响力。

（二）民营企业履行社会责任的现状与挑战

当前，越来越多的民营企业开始重视社会责任的履行，积极参与公益事业，关注环境保护和员工福利等方面。然而，民营企业在履行社会责任的过程中仍面临着一些挑战。

首先，部分民营企业对社会责任的认识不足，缺乏长远的战略眼光。它们往往将社会责任视为一种额外的负担，而不是企业发展的重要组成部分。

其次，民营企业在履行社会责任时缺乏明确的规划和策略。它们往往缺乏系统的社会责任管理体系，导致社会责任的履行难以持续和有效。

最后，一些民营企业在履行社会责任时存在"作秀"现象，即过于追求表面的形式和短期的效益，而忽略了社会责任的实质和长期价值。

（三）民营企业履行社会责任增强品牌影响力的策略

针对上述挑战，民营企业应采取以下策略来通过履行社会责任增强品牌影响力。

民营企业应深入理解社会责任的内涵与价值，将其视为企业发展的重要组成部分。企业高层应率先垂范，树立社会责任意识，并将其贯穿于企业的日常运营和管理中。同时，企业还应加强内部宣传和教育，提升全体员工对社会责任的认同感和参与度。

民营企业应结合自身特点和行业属性，制定明确的社会责任战略和规划。这包括确定社会责任的目标、制定具体的实施计划、建立有效的监督评估机制等。通过系统的规划和实施，企业能够确保社会责任工作的有序开展和取得实效。

民营企业应根据自身资源和能力，选择适合自己的社会责任领域进行深耕。例如，可以关注环境保护、公益事业、员工福利等方面，通过具体的项目和实践来履行社会责任。同时，企业还应注重社会责任的可持续性和创新性，不断探索新的社会责任实践方式。

民营企业应充分利用各种传播渠道和平台，积极宣传自身的社会责任实践和成果。通过媒体报道、社交媒体、公益活动等方式，企业能够向公众展示其积极履行社会责任的形象，提升品牌知名度和美誉度。同时，企业还应加强与政府、社区、消费者等利益相关者的沟通与合作，共同推动社会责任的普及和实践。

（四）民营企业履行社会责任的典型案例分析

为了更好地说明民营企业如何通过履行社会责任增强品牌影响力，我们可以结合一些典型案例进行分析。例如，华为、阿里巴巴等知名企业都积极履行社会责任，通过参与公益事业、支持教育事业、推动科技创新等方式，赢得了社会的广泛认可和尊重。这些企业的成功实践不仅提升了自身的品牌影响力，也为其他民营企业树立了良好的榜样。

四、社会责任与企业长期发展的关系

在当前全球经济快速变革的时代，企业社会责任日益受到广泛关注。越来越多的企业意识到，积极履行社会责任不仅有助于塑造良好的企业形象，还能够促进企业的长期发展。

（一）社会责任的内涵与重要性

履行社会责任对企业而言具有重要意义。首先，社会责任是企业可持续发展的重要保障。通过关注环境保护、社会公平等问题，企业能够确保自身的经营活动与社会需求相契合，为长期发展奠定坚实基础。其次，社会责任有助于提升企业的品牌形象和声誉。积极履行社会责任的企业往往能够赢得公众的认可和信任，从而在市场竞争中占据有利地位。最后，社会责任还能够增强企业的内部凝聚力和向心力，提升员工的归属感和忠诚度，为企业创造更大的价值。

（二）社会责任对企业长期发展的积极影响

积极履行社会责任的企业能够更好地适应社会的变化和发展需求，实现可持续发展。通过关注环境保护、资源节约等问题，企业能够降低生产成本，提高资源利用效率，减少对环境的负面影响。同时，关注员工福利、消费者权益等社会问题，能够增强企业的社会责任感和使命感，推动企业不断创新和进步。

履行社会责任的企业往往能够赢得公众的认可和信任，树立良好的品牌形象和声誉。这有助于提升企业的知名度和美誉度，吸引更多的消费者和合作伙伴。同时，良好的品牌形象和声誉还能够增强企业的市场竞争力，为企业的长期发展提供有力支持。

履行社会责任的企业能够更好地应对各种风险和挑战。通过关注社会问题、积极参与公益活动等方式，企业能够建立广泛的社会联系和合作关系，增强自身的抗风险能力。此外，积极履行社会责任还能够提升企业的危机处理能力，降低危机事件对企业经营和发展的影响。

（三）社会责任在企业长期发展中的具体体现

环境保护是企业社会责任的重要组成部分。企业应积极采取节能减排、循环利用等措施，降低生产过程中的环境污染和资源消耗。同时，企业还应加强环境管理，推动绿色生产和可持续发展，为保护环境作出积极贡献。

员工是企业的重要资源，保障员工福利是企业社会责任的核心内容。企业应提供公平合理的薪酬和福利待遇，关注员工的职业发展和成长，创造良好的工作环境和氛围。通过关注员工福利，企业能够增强员工的归属感和忠诚度，提升企业的凝聚力和向心力。

保护消费者权益是企业社会责任的重要体现。企业应确保产品和服务的质量和安全，提供真实准确的信息和宣传，尊重消费者的知情权和选择权。同时，企业还应积极处理消费者投诉和纠纷，维护消费者的合法权益。

（四）如何有效履行社会责任以促进企业长期发展

企业应制定明确的社会责任战略，将社会责任融入企业的日常运营和管理中。这包括明确社会责任的目标、制定具体的实施计划、建立有效的监督评估机制等。通过制定战略，企业能够确保社会责任工作的有序开展和取得实效。

企业应加强内部管理和培训，提升员工的社会责任意识和能力。通过组织培训、开展宣传活动等方式，企业能够增强员工对社会责任的认识和理解，推动员工积极参与社会责任实践。

企业应积极与政府、社区、消费者等利益相关者建立良好的合作关系，共同推动社会责任的履行。通过与利益相关者的沟通和合作，企业能够更好地了解社会需求和期望，有针对性地履行社会责任。

第五节　政府与社会对企业社会责任的期望

一、政府对民营企业履行社会责任的政策引导与支持

在当前全球化和市场化的背景下，民营企业作为国民经济的重要组成部分，其履行社会责任的情况日益受到社会各界的关注。政府对民营企业履行社会责任的政策引导与支持，不仅有助于推动民营企业积极承担社会责任，还能促进社会的和谐稳定与可持续发展。

（一）政府对民营企业履行社会责任的政策引导与支持的重要性

政府通过政策引导和支持，鼓励民营企业积极履行社会责任，有助于提升企业的品牌形象和声誉，增强企业的市场竞争力。同时，履行社会责任还能够促进企业内部管理的规范化和透明化，提高企业的治理水平，为企业的长期发展奠定坚实基础。

民营企业作为经济活动的主体，其经营行为对社会公共利益具有重要影响。政府通过政策引导民营企业履行社会责任，能够保障消费者权益、维护员工权益、保护环境等，从而维护社会的公平与正义，促进社会的和谐稳定。

民营企业履行社会责任是实现可持续发展的重要途径。政府通过政策引导和支持，鼓励民营企业关注环境保护、资源节约、社会公平等问题，有助于推动经济的绿色发展和社会的全面进步。

（二）政府对民营企业履行社会责任的政策引导与支持的现状

近年来，我国政府在引导和支持民营企业履行社会责任方面取得了一定成效。政府出台了一系列相关政策，如《企业社会责任指南》《关于推进企

业履行社会责任的指导意见》等，为民营企业履行社会责任提供了指导和支持。同时，政府还通过财政补贴、税收优惠等措施，激励民营企业积极履行社会责任。

然而，目前政府对民营企业履行社会责任的政策引导与支持仍存在一些问题。首先，政策体系尚不完善，部分政策缺乏针对性和可操作性。其次，政策执行力度不够，一些政策在实际执行中难以得到有效落实。此外，政府监督机制不健全，对民营企业履行社会责任的监管力度不足。

（三）政府对民营企业履行社会责任的政策引导与支持的改进措施

政府应进一步完善民营企业履行社会责任的政策体系，制定更具针对性和可操作性的政策措施。同时，加强政策之间的衔接和协调，形成政策合力，提高政策实施效果。政府应加大对民营企业履行社会责任政策执行力度的监督和检查，确保政策得到有效落实。对于未能履行社会责任的民营企业，政府应依法依规进行处罚，以儆效尤。

政府应建立健全对民营企业履行社会责任的监督机制，加强对企业社会责任履行情况的监测和评估。同时，鼓励公众参与监督，形成政府、企业、社会多方共同参与的监督格局。政府应加强对民营企业履行社会责任的宣传教育，提高企业对社会责任的认识和重视程度。通过举办培训、研讨会等活动，引导企业树立正确的社会责任观念，推动民营企业积极履行社会责任。

二、社会公众对民营企业社会责任的期望与要求

随着全球化和市场化进程的不断深入，民营企业在经济发展中的地位和作用日益凸显。然而，随之而来的不仅是经济效益的提升，更是社会责任的加重。社会公众对民营企业社会责任的期望与要求日益提高，这既是对企业的一种监督，也是对企业发展的一种推动。

（一）社会公众对民营企业社会责任的基本期望

社会公众期望民营企业能够诚信守法经营，遵守国家法律法规和商业道德，不进行任何违法违规的行为。这不仅是企业生存和发展的基本要求，更是维护市场秩序和消费者利益的重要保障。员工是企业发展的重要支撑力量，社会公众期望民营企业能够充分保障员工的合法权益，包括提供合理的薪酬和福利待遇、保障劳动安全卫生、关注员工职业发展等。

消费者是企业产品和服务的最终接受者，社会公众期望民营企业能够尊重消费者权益，提供高质量的产品和服务，不进行虚假宣传和误导消费者。同时，企业还应积极处理消费者投诉和纠纷，维护消费者的合法权益。社会公众期望民营企业能够积极参与社会公益活动，回馈社会，为社会的和谐稳定和发展贡献力量。这既是企业履行社会责任的重要体现，也是提升企业品牌形象和声誉的有效途径。

（二）社会公众对民营企业社会责任的进阶要求

随着环境问题的日益严峻，社会公众对民营企业在环境保护方面的要求也越来越高。他们期望企业能够积极采取环保措施，减少生产过程中的污染排放，推动绿色生产和可持续发展。社会公众期望民营企业能够关注社会公平问题，积极参与扶贫济困、教育支持等公益事业，帮助弱势群体改善生活状况，促进社会公平和正义。

在科技快速发展的今天，社会公众期望民营企业能够加大创新投入，推动技术创新和产业升级，为国家经济发展提供新动力。这不仅有助于提升企业的核心竞争力，也有助于推动整个社会的科技进步。随着全球化的深入发展，民营企业的国际影响力逐渐增强。社会公众期望民营企业能够在国际舞台上积极履行社会责任，遵守国际规则和标准，为构建人类命运共同体贡献力量。

（三）民营企业如何回应社会公众的期望与要求

民营企业应建立健全社会责任体系，明确企业在经济、环境、社会等方面的责任和义务，确保企业行为符合社会公众的期望和要求。企业应加强内部管理和培训，提升员工的社会责任意识和能力，确保员工能够充分理解和践行企业的社会责任理念。

企业应积极参与社会公益活动，以实际行动回馈社会，提升企业的社会形象和声誉。企业应强化信息披露和沟通，及时向社会公众公布企业在社会责任方面的履行情况，接受社会监督，增强企业的透明度和公信力。

三、民营企业如何平衡经济效益与社会责任

在市场竞争日益激烈的今天，民营企业作为市场经济的重要主体，追求经济效益是其生存和发展的基石。然而，随着社会的不断进步和公众意识的提高，社会责任也逐渐成为民营企业不可忽视的重要方面。如何在追求经济效益的同时，积极履行社会责任，实现经济效益与社会责任的平衡，是民营企业面临的重要课题。

（一）明确社会责任意识，树立正确的价值观

民营企业要平衡经济效益与社会责任，首先必须明确社会责任意识，树立正确的价值观。企业应将社会责任纳入发展战略和日常经营中，充分认识到履行社会责任对企业形象、品牌声誉和可持续发展的重要性。同时，企业应倡导诚信、公正、公平的商业道德，遵循法律法规，坚决抵制违法违规行为，为社会的和谐稳定贡献力量。

（二）建立健全社会责任管理体系

为了有效平衡经济效益与社会责任，民营企业应建立健全社会责任管理体系。这包括制定社会责任战略、设立专门的社会责任管理机构、明确各部

门在履行社会责任中的职责和任务等。通过完善的管理体系，企业可以将社会责任融入日常经营活动中，确保经济效益与社会责任的协调发展。

（三）加强内部管理与培训，提升员工素质

员工是企业履行社会责任的重要力量。民营企业应加强内部管理与培训，提升员工的素质和能力，使其能够更好地履行社会责任。企业应加强对员工的社会责任教育和培训，引导员工树立正确的价值观和行为规范。同时，企业应建立健全激励机制，鼓励员工积极参与社会公益活动，为企业履行社会责任贡献力量。

（四）积极参与公益活动，回馈社会

民营企业应积极参与公益活动，回馈社会，实现经济效益与社会责任的共赢。企业可以根据自身特点和优势，选择适合的公益项目，如扶贫济困、教育支持、环境保护等，为社会做出积极贡献。通过参与公益活动，企业不仅可以提升品牌形象和声誉，还可以增强员工的归属感和凝聚力，促进企业的长远发展。

（五）注重可持续发展，推动绿色生产

在追求经济效益的同时，民营企业应注重可持续发展，推动绿色生产。企业应加大环保投入，采用先进的环保技术和设备，减少生产过程中的污染排放。同时，企业应积极推动资源循环利用和节能减排，提高资源利用效率，降低对环境的影响。通过绿色生产，企业不仅可以履行社会责任，还可以降低生产成本，提高经济效益。

（六）强化信息披露与沟通，建立良好社会形象

民营企业应强化信息披露与沟通，及时向社会公众公布企业在社会责任方面的履行情况。通过定期发布社会责任报告、参与社会责任评价等方式，

企业可以展示自己在履行社会责任方面的成果和贡献，增强公众对企业的信任和认可。同时，企业应加强与政府、媒体、消费者等各方的沟通与合作，共同推动社会责任的履行和发展。

四、政府与社会的监督与激励机制

随着全球化和市场经济的深入发展，民营企业在经济活动中扮演着日益重要的角色。然而，随之而来的社会责任问题也日益凸显。为了确保民营企业积极履行社会责任，政府与社会的监督与激励机制发挥着至关重要的作用。

（一）政府监督与激励机制的作用

政府通过制定相关法律法规，为民营企业履行社会责任提供明确的指导和规范。这些法律法规涉及环境保护、消费者权益保护、员工权益保障等多个方面，为民营企业设定了必须遵守的行为准则。同时，政府还加强了对法律法规执行情况的监督，确保民营企业依法履行社会责任。

政府通过出台一系列政策，引导民营企业积极履行社会责任。例如，对于在环保、公益等方面表现突出的民营企业，政府可以给予税收优惠、资金扶持等政策支持，激励其继续履行社会责任。此外，政府还可以通过设立社会责任奖项、举办社会责任论坛等方式，推动民营企业之间的交流与合作，共同提升社会责任履行水平。

政府不断完善对民营企业的监管体系，通过定期检查、专项整治等方式，加强对企业履行社会责任情况的监督。对于未能履行社会责任的民营企业，政府将依法依规进行处罚，以儆效尤。同时，政府还加强了对社会责任信息的公开与披露，提高社会监督的透明度。

（二）社会监督与激励机制的作用

媒体作为社会监督的重要力量，通过报道民营企业履行社会责任的情况，引导公众关注社会责任问题。对于积极履行社会责任的民营企业，媒体将给予正面宣传，提升其品牌形象和声誉。对于未能履行社会责任的企业，媒体将进行曝光和批评，形成舆论压力，促使企业改进。

消费者是民营企业产品和服务的最终接受者，其选择行为直接影响到企业的经济效益和市场地位。消费者越来越关注企业的社会责任表现，倾向于选择那些积极履行社会责任的企业的产品和服务。这种市场选择机制将激励民营企业更加重视社会责任的履行，以提升自身竞争力和市场份额。

非政府组织在监督民营企业履行社会责任方面发挥着重要作用。它们通过调查、评估、发布报告等方式，对民营企业的社会责任履行情况进行监督。同时，非政府组织还可以为民营企业提供社会责任培训、咨询等服务，帮助企业提升社会责任意识和履行能力。

（三）政府与社会监督与激励机制的协同作用

政府与社会的监督与激励机制在民营企业履行社会责任中发挥着协同作用。政府通过法律法规、政策引导等方式，为民营企业设定行为准则和提供激励；社会通过媒体监督、消费者选择和非政府组织参与等方式，形成对企业履行社会责任的外部压力和支持。这种协同作用有助于推动民营企业更加积极地履行社会责任，实现经济效益与社会效益的双赢。

（四）面临的挑战与改进措施

尽管政府与社会的监督与激励机制在民营企业履行社会责任中发挥了重要作用，但仍面临一些挑战。例如，法律法规和政策体系尚不完善、执行力度不够；媒体监督的客观性和公正性有待提高；消费者和非政府组织的参与度和影响力有限等。为了进一步提升监督与激励机制的有效性，需要采取以下改进措施：

1. 完善法律法规和政策体系，加强执行力度，确保民营企业依法履行社会责任。

2. 提高媒体监督的客观性和公正性，加强自律机制建设，避免不实报道和恶意炒作。

3. 提升消费者和非政府组织的参与度和影响力，鼓励其积极参与社会责任监督和评价工作。

4. 加强政府、企业和社会各方的沟通与协作，形成合力，共同推动民营企业履行社会责任。

第六节　社会责任与共同富裕的关系

一、民营企业履行社会责任对共同富裕的促进作用

共同富裕作为社会主义的本质要求，是中国特色社会主义的重要目标之一。在推动共同富裕的过程中，民营企业作为市场经济的重要主体，其履行社会责任的行为对于实现共同富裕具有积极的促进作用。

（一）民营企业履行社会责任的内涵与意义

民营企业履行社会责任，是指企业在追求经济效益的同时，积极关注社会利益，通过自身的经营活动和资源配置，为社会、环境和利益相关者带来积极影响。这包括遵守法律法规、保障员工权益、保护环境、支持公益事业等多个方面。民营企业履行社会责任的意义在于，它不仅是企业道德和伦理的体现，更是企业与社会和谐共生、实现可持续发展的重要保障。

（二）民营企业履行社会责任对共同富裕的促进作用

民营企业通过扩大生产规模、创新经营模式等方式，能够创造更多的就业机会，为社会提供更多的就业岗位。这不仅有助于缓解就业压力，还能增加居民的收入来源，提高居民的生活水平。随着居民收入的增加，消费能力

也将得到提升，进一步拉动经济增长，形成良性循环。

民营企业在履行社会责任的过程中，会注重资源的合理利用和配置。通过技术创新、产业升级等方式，提高资源利用效率，降低生产成本，增强企业竞争力。同时，民营企业还会关注社会弱势群体的需求，通过公益捐赠、扶贫济困等方式，将资源投向社会最需要的地方，促进社会的公平与和谐。这种资源优化配置的行为，有助于推动经济的高质量发展，为实现共同富裕奠定物质基础。

民营企业在履行社会责任的过程中，会积极参与社会创新活动。通过研发新技术、推广新产品、探索新模式等方式，推动社会生产力的进步和经济社会的发展。同时，民营企业还会关注教育、医疗、文化等社会事业的发展，通过捐资助学、支持医疗改革、推动文化繁荣等方式，提升社会福祉水平。这些创新活动不仅有助于提升企业的社会形象和市场竞争力，还能为社会的全面进步和共同富裕提供有力支撑。

民营企业家在履行社会责任的过程中，会积极弘扬企业家精神，包括诚信经营、勇于创新、回馈社会等优秀品质。这种精神不仅有助于提升企业的品牌形象和市场竞争力，还能引领社会风尚，推动社会风气的改善。当越来越多的民营企业家积极履行社会责任时，整个社会的道德水平和文明程度也将得到提升，为共同富裕创造更加良好的社会环境。

（三）加强民营企业履行社会责任的对策建议

为了充分发挥民营企业履行社会责任对共同富裕的促进作用，需要采取以下对策措施：

完善法律法规和政策体系，为民营企业履行社会责任提供制度保障。政府应制定更加明确和具体的法律法规和政策措施，鼓励和引导民营企业积极履行社会责任。同时，加强执法力度和监管力度，确保法律法规和政策措施得到有效执行。

加强宣传教育，提高民营企业履行社会责任的意识和能力。通过举办培训班、研讨会等活动，向民营企业普及社会责任理念和相关知识，提高其履行社会责任的意识和能力。同时，加强媒体宣传和社会监督，形成全社会共同关注和支持民营企业履行社会责任的良好氛围。

建立激励机制，鼓励民营企业积极履行社会责任。政府可以通过税收优惠、资金扶持等方式，对积极履行社会责任的民营企业给予奖励和支持。同时，建立社会责任评价体系和公示制度，对履行社会责任表现突出的民营企业进行表彰和宣传，树立榜样和标杆。

二、社会责任在缩小社会差距和增进社会和谐中的作用

在当今社会，随着经济的快速发展和全球化的深入推进，社会差距问题日益凸显，成为影响社会和谐稳定的重要因素。社会责任作为企业、组织和个人对社会的承诺与贡献，其在缩小社会差距和增进社会和谐中发挥着不可替代的作用。

（一）社会责任的内涵与意义

社会责任是指企业、组织和个人在追求自身利益的同时，积极关注社会利益，通过自身的行为和实践，为社会的发展、环境的保护和人民的福祉做出贡献。社会责任的内涵包括经济责任、法律责任、道德责任和慈善责任等多个方面，这些责任共同构成了社会责任的完整体系。

社会责任的意义在于，它不仅是企业、组织和个人道德和伦理的体现，更是社会文明进步和可持续发展的重要保障。通过履行社会责任，企业、组织和个人能够树立良好的社会形象，增强社会信任度，提升自身竞争力。同时，社会责任的履行也有助于促进社会的公平正义，缩小社会差距，增进社会和谐。

（二）社会责任在缩小社会差距中的作用

企业履行社会责任，通过扩大生产规模、创新经营模式等方式，能够创

造更多的就业机会，为社会提供更多的就业岗位。这不仅有助于缓解就业压力，还能为弱势群体提供更多就业机会，从而缩小社会贫富差距。同时，企业还可以通过实施公平薪酬制度、提供职业培训等方式，提高员工的收入水平和生活质量，进一步促进社会的公平发展。

企业履行社会责任的过程中，会注重资源的合理利用和配置。通过技术创新、产业升级等方式，提高资源利用效率，降低生产成本，从而为社会创造更多财富。同时，企业还会关注社会弱势群体的需求，通过公益捐赠、扶贫济困等方式，将资源投向社会最需要的地方，减少社会不平等现象的发生。

企业履行社会责任的重要表现之一就是积极参与公益事业。通过捐赠资金、物资和技术支持等方式，帮助社会弱势群体改善生活条件，推动教育、医疗、文化等社会事业的发展。这些公益行为不仅有助于提升企业的社会形象和市场竞争力，还能为社会进步和和谐发展提供有力支持。

（三）社会责任在增进社会和谐中的作用

社会责任的履行有助于缓解社会矛盾，促进社会稳定。企业、组织和个人通过关注社会问题、参与社会治理、维护社会公平等方式，能够减少社会冲突和矛盾，增强社会凝聚力和向心力。同时，社会责任的履行也有助于提高人民群众的获得感、幸福感和安全感，进一步增进社会和谐。

社会责任的履行能够提升社会文明程度，营造良好社会氛围。企业、组织和个人通过遵守法律法规、诚信经营、保护环境等方式，能够树立文明新风，推动社会风气的改善。同时，社会责任的履行也有助于培养公民的道德意识和责任意识，提高整个社会的道德水平和文明素养。

社会责任的履行能够促进社会共同参与，形成共建共治共享的格局。企业、组织和个人通过履行社会责任，能够激发社会各方面的积极性和创造力，推动形成政府主导、社会协同、公众参与、法治保障的社会治理体系。这种共建共治共享的格局有助于实现社会的和谐稳定与可持续发展。

（四）加强社会责任履行的对策建议

为了充分发挥社会责任在缩小社会差距和增进社会和谐中的作用，需要采取以下对策措施：

1. 完善法律法规和政策体系，为社会责任履行提供制度保障。政府应制定更加明确和具体的法律法规和政策措施，鼓励和引导企业、组织和个人积极履行社会责任。

2. 加强宣传教育，提高社会责任意识。通过举办培训班、研讨会等活动，普及社会责任理念和相关知识，提高社会各界对社会责任的认识和重视程度。

3. 建立激励机制，鼓励社会责任履行。政府可以通过税收优惠、资金扶持等方式，对积极履行社会责任的企业、组织和个人给予奖励和支持。

4. 加强监督评估，确保社会责任有效履行。建立健全社会责任监督评估机制，对企业、组织和个人履行社会责任的情况进行定期检查和评估，确保社会责任得到有效履行。

三、民营企业如何通过履行社会责任实现可持续发展

随着全球化和市场经济的发展，民营企业在国民经济中的地位日益凸显。然而，民营企业在追求经济效益的同时，也面临着诸多社会责任的挑战。履行社会责任不仅是民营企业应尽的义务，更是其实现可持续发展的重要途径。

（一）民营企业履行社会责任的内涵与意义

民营企业履行社会责任，意味着企业在追求经济利益的同时，积极关注社会利益、环境利益和员工福利，通过合规经营、诚信守法、保护环境、关爱员工等方式，为社会做出积极贡献。这种责任的履行不仅体现了企业的道德和伦理，也是企业与社会和谐共生、实现可持续发展的重要保障。

履行社会责任对民营企业而言具有重要意义。首先，它有助于提升企业的社会形象和声誉，增强企业的品牌价值和市场竞争力。其次，履行社会责任能够改善企业与政府、消费者、员工等各方关系，为企业创造更好的外部环境和内部氛围。最后，通过履行社会责任，民营企业能够更好地融入社会，与社会共享发展成果，实现企业与社会的共同繁荣。

（二）民营企业履行社会责任的途径与策略

民营企业应积极响应国家环保政策，加强环境保护工作。通过采用环保技术、减少污染排放、提高资源利用效率等方式，推动企业绿色发展。同时，企业还可以开展环保公益活动，提高员工和公众的环保意识，共同营造绿色生态环境。

民营企业应尊重员工权益，为员工提供良好的工作环境和福利待遇。通过建立健全的劳动保障制度、加强员工培训和教育、推动员工参与企业管理等方式，构建和谐劳动关系。这不仅能够提高员工的工作积极性和满意度，还有助于提高企业的生产效率和竞争力。民营企业应诚信守法经营，遵守国家法律法规和商业道德。通过加强内部管理、规范经营行为、打击违法违规行为等方式，维护市场秩序和公平竞争。这不仅能够保护消费者的合法权益，还有助于树立企业的良好形象和信誉。

民营企业应积极参与公益事业，通过捐赠资金、物资和技术支持等方式，帮助社会弱势群体改善生活条件。同时，企业还可以开展志愿服务活动，组织员工参与社会公益事业，为社会做出积极贡献。这些行为不仅能够提升企业的社会责任感和公民意识，还有助于增强企业的社会影响力和凝聚力。

（三）民营企业履行社会责任与可持续发展的关系

履行社会责任是民营企业实现可持续发展的重要途径。通过履行社会责任，民营企业能够提升品牌形象和声誉，增强消费者的信任和支持；

改善与政府、员工等各方关系，为企业创造更好的外部环境和内部氛围；推动绿色发展、构建和谐劳动关系、诚信守法经营和积极参与公益事业等行为，能够为企业带来长期的经济效益和社会效益。这些效益的积累和提升，有助于民营企业在激烈的市场竞争中保持领先地位，实现长期稳健的发展。

同时，可持续发展也为民营企业履行社会责任提供了动力和目标。可持续发展强调企业在追求经济效益的同时，注重社会和环境的可持续性。这要求民营企业不仅要关注短期利益，更要考虑长远发展和社会福祉。因此，民营企业需要将履行社会责任融入企业的战略规划和日常运营中，将其作为推动企业可持续发展的重要手段。

四、社会责任与共同富裕的相互促进机制

在当今社会，社会责任和共同富裕成为了热门话题。社会责任强调企业在追求经济效益的同时，应积极承担对社会的责任和义务；而共同富裕则是指全体人民通过辛勤劳动和相互帮助最终达到丰衣足食的生活水平，也就是消除两极分化和贫穷基础上的普遍富裕。这两者之间存在着密切的联系和相互促进的机制。

（一）社会责任的内涵及其对共同富裕的推动作用

社会责任是指企业在追求经济效益的同时，应当关注社会利益，积极履行对社会的责任和义务。这包括保护环境、关爱员工、诚信守法、参与公益等多个方面。社会责任的履行不仅有助于提升企业的社会形象和声誉，还能够促进社会的和谐稳定与可持续发展。

社会责任对共同富裕的推动作用主要体现在以下几个方面：首先，通过履行社会责任，企业能够创造更多的就业机会，提高人民的收入水平，从而为实现共同富裕奠定物质基础。其次，企业在保护环境、节约资源方面的努力，有助于实现绿色发展和可持续发展，为全体人民创造更好的生活环境。

最后，企业参与公益事业、回馈社会，有助于缩小社会差距，促进社会公平和正义，进一步推动共同富裕的实现。

（二）共同富裕对社会责任履行的促进作用

共同富裕的实现不仅有利于提升人民的生活水平，还能够激发社会活力，促进企业的创新与发展。在这个过程中，共同富裕对社会责任履行的促进作用不可忽视。

首先，共同富裕的实现为企业提供了更广阔的市场和发展空间。随着人民收入水平的提高和消费能力的提升，企业的产品和服务需求也将不断增加。这将激发企业不断创新、提高产品质量和服务水平，以满足人民日益增长的需求。而这种创新和发展正是企业履行社会责任的重要体现。其次，共同富裕有助于增强企业的社会责任感。在共同富裕的背景下，企业将更加关注社会利益，积极履行对社会的责任和义务。这是因为企业认识到，只有与社会共享发展成果，才能实现自身的可持续发展。因此，企业将更加注重环保、员工福利、诚信守法等方面的工作，以树立良好的社会形象并赢得公众的信任与支持。

此外，共同富裕还能够推动社会各界共同参与社会责任的履行。在共同富裕的背景下，政府、社会组织、个人等各方将更加关注社会责任问题，并积极参与其中。这将形成一个良好的社会氛围和合作机制，共同推动企业履行社会责任并推动社会的和谐与进步。

（三）社会责任与共同富裕相互促进的实践案例

为了更好地说明社会责任与共同富裕的相互促进机制，我们可以举一些实践案例进行分析。例如，某知名企业在发展过程中积极履行社会责任，通过技术创新和产业升级提高生产效率、降低环境污染，同时积极参与公益事业、回馈社会。这不仅提升了企业的社会形象和声誉，还吸引了更多的消费者和合作伙伴，推动了企业的快速发展。同时，该企业也通过创造就业机会、提高员工福利等方式促进了共同富裕的实现。

另外，一些地方政府也积极推动社会责任与共同富裕的相互促进。他们通过制定相关政策、提供资金支持等方式鼓励企业履行社会责任，同时关注民生改善、促进就业等方面的工作。这些举措不仅提升了当地的社会文明程度和居民的生活水平，还为企业的发展提供了良好的外部环境和条件。

第六章 共同富裕的理论框架

第一节 共同富裕的概念与内涵

一、共同富裕的定义及其基本特征

共同富裕作为社会主义的本质要求和奋斗目标，一直是中国特色社会主义发展的重要内容。它不仅是经济发展的目标，更是社会进步和人民幸福的体现。深入理解共同富裕的定义及其基本特征，对于推动经济社会发展、增进人民福祉具有重要意义。

（一）共同富裕的定义

共同富裕，顾名思义，是指全体人民通过辛勤劳动和相互帮助最终达到丰衣足食的生活水平，也就是消除两极分化和贫穷基础上的普遍富裕。这个定义包含了几个核心要素：全体人民、辛勤劳动、相互帮助、丰衣足食、消除两极分化和贫穷、普遍富裕。

首先，共同富裕是全体人民的富裕，不是少数人的富裕。它强调的是社会整体福利水平的提升，而不是贫富差距的扩大。其次，共同富裕是通过辛勤劳动和相互帮助实现的。这体现了劳动创造价值和社会互助的精神，强调了个人努力和社会合作的重要性。最后，共同富裕的目标是达到丰衣足食的生活水平，消除两极分化和贫穷，实现普遍富裕。这体现了对人民基本生活需求的关注和对社会公平正义的追求。

（二）共同富裕的基本特征

共同富裕具有全面性和均衡性的特征。全面性意味着共同富裕涵盖经济、政治、文化、社会、生态等各个领域，是物质文明、政治文明、精神文明、社会文明、生态文明全面发展的结果。均衡性则强调发展的协调性和平衡性，要求不同地区、不同阶层、不同群体之间实现均衡发展，避免出现两极分化和社会不公现象。共同富裕具有普遍性和共享性的特征。普遍性意味着共同富裕是全体人民的共同追求和共享成果，不是少数人的特权和专利。共享性则强调发展成果的普惠性和公平性，要求发展成果惠及全体人民，让每个人都能够享受到发展带来的红利。

共同富裕是一个渐进的过程，不可能一蹴而就。它需要在长期的发展过程中逐步实现，需要一代又一代人的共同努力。同时，共同富裕也是一个持续的过程，需要不断地推进和发展。只有保持持续的发展动力和创新活力，才能够实现共同富裕的目标。共同富裕具有自主性和开放性的特征。自主性意味着中国在实现共同富裕的过程中要坚持走自己的路，根据国情和实际情况制定适合自己的发展策略和政策措施。开放性则强调要加强国际交流与合作，借鉴其他国家和地区的成功经验，共同推动全球减贫事业和可持续发展。

（三）实现共同富裕的路径与策略

实现共同富裕需要多方面的努力和策略。首先，要坚持发展是第一要务，通过推动经济高质量发展，为共同富裕奠定坚实的物质基础。其次，要加强社会保障体系建设，完善收入分配制度，缩小贫富差距，确保基本民生需求得到满足。此外，还要推动教育、医疗、文化等公共服务均衡发展，提高人民的生活质量和幸福感。同时，要注重生态环境保护，实现绿色发展，为子孙后代留下美好的家园。

在推进共同富裕的过程中，还需要注重激发社会活力和创造力。要鼓励和支持创新创业，培育新的经济增长点；要加强法治建设，维护社会公平正义；要推动文化繁荣发展，提升国家文化软实力。这些措施将有助于营造一个充满活力、和谐稳定的社会环境，为共同富裕的实现提供有力保障。

二、共同富裕理论的历史渊源与发展

共同富裕作为社会主义的核心价值追求，其理论的历史渊源深厚且久远。从古代的公平思想到近现代的社会主义理论，再到中国当代的实践探索，共同富裕理论经历了一个不断发展和完善的过程。深入理解共同富裕理论的历史渊源与发展，有助于我们更好地把握其精神实质和时代价值，为推动经济社会发展、实现社会公平正义提供理论支撑和实践指导。

（一）古代公平思想与共同富裕理论的萌芽

在古代社会，虽然没有明确提出共同富裕的概念，但公平思想却源远流长。儒家思想中的"大同社会"理念，强调人人平等、和谐共处，体现了对公平社会的追求。墨家思想中的"兼爱非攻"思想，主张不分亲疏贵贱，一视同仁，也蕴含了公平平等的思想。这些古代公平思想为共同富裕理论的萌芽提供了思想土壤。

（二）近现代社会主义理论与共同富裕理论的形成

随着资本主义制度的出现和发展，社会不公和贫富差距问题日益凸显。在这样的背景下，社会主义理论应运而生，为共同富裕理论的形成提供了理论基础。马克思和恩格斯在批判资本主义制度的基础上，提出了科学社会主义理论，主张通过无产阶级革命推翻资本主义制度，建立社会主义社会，实现共同富裕。列宁在领导俄国革命和建设的过程中，进一步丰富和发展了社会主义理论，强调了共同富裕在社会主义社会中的重要地位。这些近现代社会主义理论为共同富裕理论的形成提供了坚实的理论基础。

（三）共同富裕理论的时代价值与发展前景

共同富裕理论作为社会主义的核心价值追求，具有鲜明的时代价值。在当今世界，贫富差距、社会不公等问题依然突出，共同富裕理论的提出和实践具有重要的现实意义。它不仅能够为解决这些问题提供理论指导和实践路径，还能够激发人们的积极性和创造力，推动社会进步和发展。

展望未来，共同富裕理论将继续在中国特色社会主义事业中发挥重要作用。随着中国经济社会的不断发展和进步，共同富裕的实现将越来越具备现实条件。同时，随着人们对美好生活向往的日益增长，共同富裕也将成为越来越多人的共同追求。我们有理由相信，在全体人民的共同努力下，共同富裕的目标一定能够实现。

三、共同富裕在现代社会中的意义与价值

共同富裕作为社会主义的本质要求和奋斗目标，不仅是中国特色社会主义事业的重要组成部分，也是现代社会发展的重要标志。在现代社会中，共同富裕承载着多重意义与价值，它既是社会公平正义的体现，也是经济持续健康发展的基础，更是人民幸福生活的保障。因此，深入探究共同富裕在现代社会中的意义与价值，对于推动社会进步、增进人民福祉具有重要意义。

（一）共同富裕是社会公平正义的体现

在现代社会中，公平正义是社会和谐稳定的基础。共同富裕强调全体人民共享发展成果，消除两极分化和贫穷，体现了社会公平正义的核心要义。通过实现共同富裕，我们可以缩小贫富差距，减少社会阶层之间的矛盾和冲

突，增强社会的凝聚力和向心力。同时，共同富裕还体现了机会公平和规则公平，确保每个人都能够享有平等的发展机会和权利，从而激发社会的活力和创造力。

（二）共同富裕是经济持续健康发展的基础

经济持续健康发展是现代社会的重要目标之一。共同富裕作为经济发展的重要动力，能够推动经济结构的优化升级，提高经济发展的质量和效益。通过实现共同富裕，我们可以激发人民群众的积极性和创造力，促进生产要素的合理配置和高效利用，推动经济社会的协调发展。同时，共同富裕还能够扩大中等收入群体，增加消费需求，为经济发展提供持续的内生动力。

（三）共同富裕是人民幸福生活的保障

人民幸福生活是现代社会发展的最终目标。共同富裕作为人民幸福生活的重要保障，能够提升人民群众的生活质量和幸福感。通过实现共同富裕，我们可以让人民群众享受到更加优质的教育、医疗、文化等公共服务，提高他们的生活水平和社会地位。同时，共同富裕还能够增强人民群众的获得感、幸福感和安全感，让他们更加积极地投身于社会主义现代化建设事业中。

（四）共同富裕对于构建和谐社会具有积极意义

社会和谐稳定是现代社会的基石，而共同富裕正是构建和谐社会的重要前提。通过实现共同富裕，我们能够在全社会范围内营造一种积极向上、团结互助的良好氛围，减少社会矛盾和冲突，增强社会的凝聚力和向心力。这种凝聚力将促使人们更加珍视和维护社会稳定，共同为社会的和谐与进步贡献力量。

（五）共同富裕有助于提升国家的整体竞争力

在全球化的今天，国家的整体竞争力不仅取决于经济实力和科技水平，还受到社会公平、民生改善等因素的影响。共同富裕的实现将提升国家的整体形象和国际地位，吸引更多的国际资源和合作机会。同时，一个共同富裕的社会将培养出更多具有创新精神和竞争力的人才，为国家的长远发展提供有力支撑。

（六）共同富裕推动文化繁荣与社会进步

共同富裕不仅关注物质层面的富裕，还注重精神文化的丰富和发展。在共同富裕的社会中，人们有更多的时间和精力去追求精神文化的满足，推动文化事业的繁荣和发展。这种文化繁荣将进一步促进社会的进步和文明程度的提升，形成物质文明和精神文明协调发展的良好局面。

四、共同富裕与其他经济理论的比较与联系

共同富裕作为中国特色社会主义经济的核心目标和价值追求，在理论和实践层面都展现出了其独特的魅力。然而，任何理论都不是孤立的，共同富裕理论也不例外。它与其他经济理论之间既存在明显的差异，又有着千丝万缕的联系。

（一）共同富裕与西方经济理论的比较

新古典经济学强调市场的自我调节作用，认为通过市场竞争和价格机制，资源能够得到最优配置，从而实现社会福利的最大化。然而，新古典经济学忽视了市场失灵和收入分配不平等的问题，导致贫富差距的扩大。相比之下，共同富裕理论则更加注重政府的宏观调控和社会公平，通过政策干预来纠正市场失灵，实现社会财富的均衡分配。

凯恩斯经济学主张通过政府干预来刺激经济增长，缓解经济衰退和失业

问题。虽然凯恩斯经济学也强调政府的作用，但其主要关注的是宏观经济稳定和就业问题，而非收入分配和社会公平。共同富裕理论则在凯恩斯经济学的基础上，进一步强调了收入分配的重要性和社会公平的必要性，提出了通过政策手段来实现共同富裕的目标。

（二）共同富裕与马克思主义经济理论的联系

马克思主义经济理论致力于揭示资本主义经济制度的本质和规律，追求无产阶级的解放和全人类的自由与平等。共同富裕理论作为中国特色社会主义经济的核心理论，同样以实现全体人民的共同富裕为目标。两者在目标上具有一致性，都是对理想社会的追求和探索。

共同富裕理论在继承马克思主义经济理论的基础上，结合中国实际进行了创新和发展。它吸收了马克思主义关于生产资料公有制、按劳分配等原则的思想，同时结合中国特色社会主义的实践，提出了先富带后富、逐步实现共同富裕的战略思想。这既体现了对马克思主义经济理论的继承，又展现了中国特色社会主义的创新精神。

（三）共同富裕与现代发展经济学的关系

现代发展经济学关注发展中国家的经济增长和贫困问题，提出了许多关于发展的理论和政策建议。这些理论和建议对于理解共同富裕的内涵和实现路径具有重要的启示作用。例如，发展经济学强调人力资本的重要性，认为教育、健康等方面的投入是提高人民生活水平的关键。共同富裕理论也强调提高人民素质和能力的重要性，通过教育、培训等方式促进人的全面发展。

共同富裕理论不仅借鉴了现代发展经济学的有益成果，还为其提供了新的视角和思路。共同富裕理论强调社会公平和共享发展成果的重要性，这对于发展经济学来说是一种有益的补充和拓展。同时，共同富裕理论还注重政府的作用和政策干预的必要性，为发展经济学提供了更多的政策选择和实践经验。

第二节　共同富裕理论的发展历程

一、不同国家共同富裕实践的比较分析

共同富裕，作为人类社会的理想追求，在不同的国家有着不同的实践路径和表现形式。

（一）北欧国家：高福利与公平分配

北欧国家如瑞典、丹麦、挪威等，以其高福利和公平分配著称于世。这些国家通过建立健全的社会保障体系，确保每个公民都能享受到基本的教育、医疗和养老保障。同时，通过税收调节和再分配机制，缩小贫富差距，实现财富的相对均衡。北欧国家的共同富裕实践，体现了公平与效率的统一，为其他国家提供了有益的参考。

（二）德国：注重经济效率与社会公平

德国作为欧洲的经济强国，在共同富裕实践上也有着独特的经验。德国注重经济效率的提升，通过技术创新和产业升级，保持经济的稳定增长。同时，德国政府也高度重视社会公平，通过完善税收制度、加强劳动力市场调节等方式，确保经济发展的成果惠及广大民众。德国的共同富裕实践，既强调经济发展，又注重社会公平，实现了两者之间的良性互动。

（三）日本：强调机会平等与收入调节

日本在共同富裕实践上，注重机会平等和收入调节。日本政府通过实施一系列的教育、就业和创业政策，为每个人提供平等的发展机会。同时，通过税收和社保制度，对高收入者进行适当调节，确保社会财富的相对均衡。

179

此外，日本政府还注重通过法律手段保障劳动者的权益，维护劳动市场的稳定和公平。日本的共同富裕实践，体现了机会平等与收入调节的有机结合。

（四）中国：先富带后富，逐步实现共同富裕

中国作为世界上最大的发展中国家，在共同富裕实践上有着自己的特色。中国政府提出了"先富带后富，逐步实现共同富裕"的战略思想，鼓励一部分地区和一部分人先富起来，然后通过先富者的示范和带动作用，激发全社会的积极性和创造力，推动经济的整体发展。同时，政府还通过扶贫攻坚、城乡发展一体化、教育均衡发展等措施，努力缩小贫富差距，实现社会公平。中国的共同富裕实践，既体现了中国特色，又符合世界潮流。

（五）比较分析

不同国家在共同富裕实践上，都注重政策导向和制度保障。北欧国家通过建立健全的社会保障体系和税收调节机制，为共同富裕提供了坚实的制度基础。德国、日本和中国也都在政策层面进行了相应的调整和优化，以推动共同富裕的实现。这些实践表明，政策导向和制度保障是共同富裕实践的关键所在。

在共同富裕实践中，各国都面临着效率与公平的平衡问题。北欧国家通过高福利和公平分配实现了效率与公平的相对均衡；德国则通过技术创新和产业升级提升经济效率，同时注重社会公平；日本强调机会平等与收入调节；而中国则通过先富带后富的战略思想推动整体经济发展，同时注重缩小贫富差距。这些实践表明，各国在共同富裕实践中都在努力寻求效率与公平的平衡点。

在共同富裕实践中，政府与市场的作用也各有侧重。北欧国家强调政府在社会福利和再分配方面的主导作用；德国则注重政府在经济发展和社会公平方面的协调作用；日本政府在保障劳动者权益和调节收入方面发挥着重要作用；而中国政府在推动经济发展和缩小贫富差距方面发挥着主导作用。这些实践表明，政府与市场在共同富裕实践中应相互补充、相互促进。

二、共同富裕理论在不同历史阶段的演变

共同富裕理论在不同历史阶段的演变是一个复杂而深入的主题，需要综合考虑历史背景、理论发展和实践探索等多个方面。

（一）新民主主义革命时期：共同富裕思想的初步萌芽

在新民主主义革命时期，面对帝国主义、封建主义和官僚资本主义的压迫，中国共产党人为了争取民族独立和人民解放，在救亡图存斗争中孕育催生了共同富裕的思想萌芽。共产先驱李大钊在对未来社会主义进行构想时提出，"社会主义是要富的，不是要穷的"，要使"人人均能享受平均的供给，得最大的幸福"。这一时期的共同富裕思想主要强调解决农民的最基本生活需要，实现"耕者有其田"，发挥农民在中国革命中的主力军作用。通过土地革命和广泛创建农村革命根据地等措施，促进了共同富裕思想的初步萌芽。

（二）社会主义革命和建设时期：共同富裕理论的初步探索与实践

新中国成立后，中国共产党团结带领中国人民进行社会主义革命和建设，确立了社会主义基本制度，推进社会主义建设。这一时期是实现中华民族有史以来最为广泛而深刻的社会变革的时期，也为实现全体人民的共同富裕铺平了道路。在社会主义建设中，中国坚持走自己的道路，注重发展生产力，提高人民的生活水平。通过实施一系列的经济和社会改革措施，如土地改革、农村合作化等，实现了从新民主主义到社会主义的历史性跨越，为共同富裕的实现奠定了坚实的基础。

（三）改革开放至今：共同富裕理论的质的升华与实践创新

改革开放以来，中国进入了一个全新的历史时期。随着社会主义市场经济体制的建立和完善以及对外开放的不断深化，中国经济实现了快速发展和

社会的全面进步。在这一时期,共同富裕理论得到了质的升华和实践创新。中国共产党明确提出要实现全面建设小康社会和全面建设社会主义现代化国家的宏伟目标,并围绕这些目标制定和实施了一系列重大战略和政策措施。例如,"三个代表"重要思想强调要代表最广大人民的根本利益;"科学发展观"则强调以人为本、全面协调可持续发展;而习近平新时代中国特色社会主义思想则进一步明确了以人民为中心的发展思想和逐步实现全体人民共同富裕的目标要求。在实践创新方面,中国积极推进供给侧结构性改革、乡村振兴战略、区域协调发展等举措来促进经济社会的全面发展;同时加强社会保障体系建设、教育公平等民生改善工作来增进人民群众的获得感和幸福感。通过这些努力和实践创新,中国的共同富裕事业取得了显著成就并为世界提供了有益的经验借鉴。

第三节 数字化时代对共同富裕理论的挑战

一、数字经济对共同富裕理念的影响与挑战

随着信息技术的迅猛发展和互联网的普及,数字经济已经成为全球经济增长的重要驱动力。数字经济以其独特的优势,对共同富裕理念产生了深远的影响,同时也带来了一系列挑战。

(一)数字经济对共同富裕理念的积极影响

数字经济通过创新驱动,不断催生新业态、新模式,为经济增长注入了新的动力。同时,数字经济也为就业市场提供了更多的岗位和机会,使得更多人能够参与到经济活动中来,共享经济发展的成果。这种扩大经济增量和就业空间的作用,为共同富裕奠定了更充裕的物质基础。

数字经济通过大数据、云计算等技术手段,能够更精准地把握市场需求

和资源供给情况,实现资源的优化配置。同时,数字经济还能够降低交易成本,提高市场运行效率,使得经济活动更加高效、便捷。这种优化资源配置和提升效率的作用,有助于推动共同富裕的实现。

数字经济具有无边界渗透的特点,能够打破地域限制,促进区域间的经济交流与合作。通过数字技术的应用,中西部地区可以充分利用东部地区的资源和技术优势,实现协同发展。这种促进区域协调发展的作用,有助于缩小地区间的发展差距,推动共同富裕的进程。

(二)数字经济对共同富裕理念的挑战

尽管数字经济为经济增长和就业提供了更多机会,但也存在数字鸿沟问题。一些人由于年龄、教育水平、地理位置等因素,无法充分享受到数字经济的红利。这种不公平现象可能加剧社会贫富差距,对共同富裕理念的实现构成挑战。数字经济高度依赖数据资源,而数据的收集、存储和使用涉及个人隐私和信息安全问题。如果数据安全得不到保障,个人隐私被泄露或滥用,将对社会信任和共同富裕的实现产生负面影响。

随着数字技术的快速发展,一些传统行业可能会逐渐衰退,而新兴行业则不断涌现。这种就业结构的变化可能导致部分人群面临失业风险,从而影响到共同富裕的实现。

(三)应对数字经济对共同富裕理念挑战的策略

政府应加大对数字基础设施建设的投入力度,提高网络覆盖率和传输速度,降低数字鸿沟,让更多人能够享受到数字经济带来的红利。政府应制定和完善数据安全与隐私保护法规,加强数据监管和执法力度,确保数据安全和个人隐私得到保障。同时,还应加强公众对数据安全和隐私保护的教育和宣传,提高全社会的安全意识。

政府和社会各界应加强对劳动者的职业技能培训和再就业支持,帮助他们适应数字经济时代的新就业形态和需求。同时,还应建立健全社会保障体系，为失业人员提供必要的生活保障和再就业服务。政府应推动数字经济与实体经济的深度融合，发挥数字经济在提升传统产业效率、促进转型升级等方面的作用。通过政策引导和市场机制相结合的方式，推动数字经济成为推动共同富裕的重要力量。

二、数字化时代共同富裕实现路径的变革与创新

随着数字化时代的来临，信息技术、大数据、人工智能等新技术不断涌现，对社会的各个领域产生了深远的影响。在共同富裕的实现路径上，数字化时代也带来了诸多变革与创新。

（一）数字化时代对共同富裕实现路径的变革

在数字化时代，数据成为了一种重要的资源，能够精确反映市场需求、资源分布等信息。通过大数据分析，政府和企业可以更加精准地把握市场脉搏，优化资源配置，提高经济效率。这种数据驱动的资源优化配置方式，有助于缩小贫富差距，推动共同富裕的实现。数字经济催生了大量新业态、新模式，为就业市场提供了更多机会。共享经济、在线教育、远程办公等新型就业模式不断涌现，使得更多人能够参与到经济活动中来，分享经济发展的成果。这种就业模式的创新，有助于拓宽共同富裕的实现路径。

数字化时代，政府和企业通过数字化手段提供更加便捷、高效的服务，如电子政务、在线教育、远程医疗等。这些数字化服务不仅提高了民众的生活质量，也降低了服务成本，使得更多人能够享受到优质服务。这种数字化服务的普及，有助于提升民生福祉，推动共同富裕的实现。

（二）数字化时代共同富裕实现路径的创新

普惠金融是实现共同富裕的重要手段。在数字化时代，可以构建数字普惠金融体系，利用大数据、云计算等技术手段，降低金融服务成本，提高金

融服务的覆盖率和可得性。通过数字普惠金融体系，可以为小微企业、农民、城镇低收入人群等提供更多、更便捷的金融服务，帮助他们脱贫致富，实现共同富裕。教育是提升民众素质、实现共同富裕的重要途径。在数字化时代，可以推进数字教育与职业培训，利用在线教育平台、虚拟实训室等数字化手段，为更多人提供高质量的教育资源。通过数字教育与职业培训，可以提升民众的技能水平和就业能力，帮助他们更好地适应数字化时代的就业市场，实现共同富裕。

数字化时代也带来了新的风险和挑战。在共同富裕的实现过程中，需要强化数字监管与风险防范，确保数字经济的健康发展。政府应加强对数字经济的监管力度，制定和完善相关法律法规，规范市场秩序。同时，还应加强网络安全和数据保护，防范数字风险，保障民众的合法权益。

（三）促进数字化时代共同富裕实现路径的可持续发展

政府应制定和完善相关政策，引导和支持数字化时代共同富裕实现路径的发展。出台税收优惠政策，鼓励企业投入数字经济领域；加强数字技术研发和创新，推动数字经济与实体经济的深度融合等。数字化时代是一个开放的时代，各国之间在数字经济领域的合作与交流日益频繁。在共同富裕的实现过程中，应深化国际合作与交流，借鉴其他国家的成功经验，共同推动全球数字经济的健康发展。通过国际合作与交流，可以推动数字技术的普及和应用，提高全球范围内的经济效率和民生福祉。

数字化时代需要更多的数字化人才来支撑其发展。政府和社会各界应加强对数字化人才的培养和引进力度，提高他们的专业技能和创新能力。同时，还应提升全民的数字素养，让更多人了解、掌握和使用数字技术，享受数字化时代带来的便利和福祉。

三、数字化时代共同富裕评估标准的调整与完善

随着数字化时代的来临，信息技术、大数据、云计算等新技术在经济社

会各领域的广泛应用，对共同富裕的实现方式和评估标准产生了深远影响。为更好地适应数字化时代的发展需求，共同富裕评估标准需要进行相应的调整与完善。

（一）数字化时代共同富裕评估标准面临的挑战

传统的共同富裕评估标准主要依赖于统计数据、问卷调查等方式进行，这种方式存在数据收集不全、信息滞后、主观性强等问题。数字化时代，数据化、信息化评估手段的应用成为趋势，但目前在共同富裕评估中，这类手段的应用仍显不足，难以准确反映数字化时代共同富裕的真实情况。数字化时代，经济社会发展日新月异，共同富裕的内涵和外延也在不断发生变化。传统的评估标准往往缺乏动态性和灵活性，难以适应这种变化。因此，需要调整和完善评估标准，使其更加符合数字化时代的发展要求。

数字经济作为数字化时代的重要特征之一，对共同富裕的实现具有重要影响。然而，传统的共同富裕评估标准往往忽视数字经济的作用，导致评估结果无法全面反映数字化时代共同富裕的真实情况。因此，需要在评估标准中充分考虑数字经济的影响。

（二）数字化时代共同富裕评估标准的调整

在数字化时代，应充分利用大数据、云计算等技术手段，加强数据化、信息化评估手段的应用。通过收集和分析各类数据，更加准确地评估共同富裕的实现情况。同时，还应加强数据质量和数据安全的管理，确保评估结果的准确性和可靠性。数字化时代，经济社会发展变化迅速，共同富裕评估标准也应具备动态性和灵活性。具体来说，可以建立定期调整机制，根据经济社会发展情况及时调整评估标准。同时，还可以采用多种评估方法相结合的方式，更加全面地反映共同富裕的实现情况。

在调整共同富裕评估标准时，应充分考虑数字经济的作用。可以将数字经济纳入评估体系，设置相关指标来衡量其在共同富裕实现中的贡献程度。

此外，还应关注数字经济对就业、收入、消费等方面的影响，以便更全面地评估数字化时代共同富裕的实现情况。

（三）数字化时代共同富裕评估标准的完善

共同富裕的实现是一个复杂的社会过程，需要政府、企业、社会组织和个人等多方共同参与。在完善评估标准时，应强化多元参与和社会监督，充分听取各方意见和建议，确保评估标准的公正性和客观性。同时，还应加强社会监督力度，对评估过程进行公开透明的管理，防止权力寻租和腐败现象的发生。在共同富裕评估标准中，不同指标之间的权重分配对于评估结果具有重要影响。因此，需要建立科学的权重分配机制，根据各指标在共同富裕实现中的贡献程度和重要性进行合理分配。同时，还应根据经济社会发展情况对权重进行动态调整，以确保评估结果的准确性和有效性。

数字化时代是一个全球化的时代，各国在共同富裕实现方面面临着共同的挑战和机遇。因此，在完善共同富裕评估标准时，应加强国际交流与合作，借鉴其他国家的成功经验和做法，共同推动全球共同富裕的实现。通过国际交流与合作，可以促进评估标准的国际化和标准化，提高评估结果的全球认可度和可比性。

四、数字化时代共同富裕理论的发展与创新

随着数字化时代的到来，信息技术、大数据、人工智能等新技术蓬勃发展，对经济社会产生了深远的影响。在这样的背景下，共同富裕理论也面临着新的发展机遇和挑战。

（一）数字化时代共同富裕理论的新内涵

在数字化时代，共同富裕理论的新内涵主要体现在以下几个方面：

共享经济作为数字化时代的一种新型经济形态，通过共享平台实现资源的优化配置和高效利用。在共同富裕理论中，共享经济的发展意味着更多人

能够参与到经济活动中来，分享经济发展的成果，从而缩小贫富差距，实现共同富裕。在数字化时代，数据成为了一种重要的生产要素。数据要素参与分配意味着数据资源能够像劳动力、资本等传统生产要素一样，为经济发展做出贡献并获得相应的回报。这有助于激发数据资源的潜力，推动经济的高质量发展，为实现共同富裕提供新的动力。

数字化服务的普及使得更多人能够享受到便捷、高效的服务，如在线教育、远程医疗等。这些服务不仅提高了民众的生活质量，也降低了服务成本，使得更多人能够享受到优质服务。在共同富裕理论中，数字化服务的普及有助于提升民生福祉，实现社会的全面进步。

（二）数字化时代共同富裕理论的创新点

在数字化时代，共同富裕理论的理念创新体现在从物质富裕到精神富裕的转变。传统的共同富裕理论主要关注物质财富的积累和分配，而在数字化时代，人们的精神需求日益凸显。因此，共同富裕理论应更加注重人的精神富裕，包括文化、教育、健康等方面的全面发展。数字化时代为资源配置提供了更加高效、精准的手段。共同富裕理论在方法上应充分利用数字技术，通过大数据分析、云计算等手段，精准把握市场需求和资源分布，优化资源配置，提高经济效率。这有助于缩小贫富差距，推动共同富裕的实现。

数字化时代为共同富裕的实现提供了新的路径。共同富裕理论应积极探索构建数字化时代的共同富裕新模式，如通过发展数字经济、推广数字普惠金融、加强数字教育等方式，为更多人提供参与经济活动的机会和享受优质服务的渠道，实现共同富裕的目标。

（三）数字化时代共同富裕理论的实践应用

政府应制定和完善相关政策，支持数字化时代共同富裕理论的实践应用。例如，加大对数字基础设施建设的投入力度，提高网络覆盖率和传输速度；出台税收优惠政策，鼓励企业投入数字经济领域等。

数字化时代共同富裕的实现需要社会各界的共同参与和共建。企业、社会组织和个人等应积极投入到数字化时代共同富裕的实践中来，发挥各自的优势和作用，共同推动共同富裕的实现。同时，还应加强社会监督和舆论引导，确保共同富裕的实践符合社会公平正义的要求。数字化时代是一个开放的时代，各国在共同富裕实现方面面临着共同的挑战和机遇。因此，应加强国际合作与交流，借鉴其他国家的成功经验和做法，共同推动全球共同富裕的实现。通过国际合作与交流，可以促进数字化时代共同富裕理论的创新与发展，为各国提供更多有益的启示和借鉴。

第四节　数字技术在实现共同富裕中的作用

一、数字技术在提升社会整体收入水平中的作用

随着科技的迅猛发展，数字技术正逐渐成为推动社会经济发展的核心力量。它不仅改变了人们的生活方式，也深刻影响着社会的经济结构和收入水平。

（一）数字技术促进就业增长与结构优化

数字技术的广泛应用为就业市场带来了全新的机遇。首先，电子商务、移动支付、在线服务等行业的快速崛起，创造了大量的就业岗位。这些新兴行业不仅提供了更多的就业机会，还推动了传统行业的转型升级，进一步拓宽了就业领域。其次，数字技术的发展催生了一批新兴职业，如网红经济、电商店主、网络营销师等。这些职业的出现为人们提供了更多的创业和就业机会，同时也提高了人们的收入水平。此外，数字技术还促进了就业结构的优化。一方面，它使得工作可以更加灵活地安排，人们可以摆脱时间和空间的束缚，获得更大的工作自由。另一方面，数字技术提高了劳动生产率，使得单位劳动所创造的价值增加，进而提升了人们的收入水平。

（二）数字技术提升劳动力素质与技能水平

数字技术的发展对劳动力的素质和技能水平提出了更高的要求。为了适应这一变化，人们需要不断学习和掌握新的数字技术知识，提升自己的技能水平。这种学习过程不仅有助于个人在职场上的竞争力提升，也促进了整个社会劳动力素质的提升。同时，数字技术还为劳动力提供了更多的培训和教育机会。通过互联网和在线教育平台，人们可以随时随地获取知识和信息，提升自己的技能和知识水平。这种学习方式不仅降低了学习成本，还提高了学习效率，使得更多人能够享受到优质的教育资源。

（三）数字技术推动产业创新与升级

数字技术的快速发展为产业的创新和升级提供了强大的动力。一方面，数字技术为传统产业注入了新的活力，推动了传统产业的转型升级。例如，通过应用大数据、人工智能等技术，企业可以更加精准地把握市场需求，优化生产流程，提高产品质量和效率。这不仅有助于提升企业的竞争力，也带动了整个产业的升级和发展。另一方面，数字技术还催生了一批新兴产业，如云计算、物联网、区块链等。这些新兴产业不仅为社会创造了更多的就业机会，还推动了整个经济的创新发展。随着这些产业的不断发展壮大，它们将成为推动社会经济发展的重要力量。

（四）数字技术优化资源配置与提高效率

数字技术通过优化资源配置和提高效率，进一步提升了社会整体收入水平。首先，数字技术使得信息的传递和交流变得更加迅捷和高效。通过互联网和移动通信技术，人们可以更加便捷地获取信息和资源，降低了获取成本。这有助于减少信息不对称和资源浪费，提高了资源的使用效率。其次，数字技术还推动了生产方式的变革。通过应用智能制造、自动化等技术，企业可以实现生产过程的智能化和自动化，提高生产效率和产品质量。

这不仅有助于降低生产成本，还提高了企业的盈利能力，进而提升了员工的收入水平。

（五）数字技术助力减贫与缩小收入差距

数字技术还在减贫和缩小收入差距方面发挥了重要作用。一方面，数字技术为贫困地区和弱势群体提供了更多的发展机会。通过互联网和电子商务平台，他们可以将自己的产品和服务推向更广阔的市场，增加收入来源。同时，数字技术还为他们提供了更多的教育、医疗等资源，帮助他们改善生活条件。另一方面，数字技术也有助于缩小收入差距。随着数字经济的不断发展，越来越多的人可以通过参与数字经济活动获得收入。这有助于缩小传统行业与新兴行业之间的收入差距，促进社会的公平与和谐。

二、数字技术在缩小贫富差距中的贡献

随着科技的飞速进步，数字技术已成为推动社会经济发展的重要力量。尤其在缩小贫富差距方面，数字技术发挥了不可忽视的作用。

（一）数字技术提升教育公平性

教育是缩小贫富差距的关键途径之一。数字技术通过在线教育和远程教育等方式，打破了传统教育的地域限制，使得优质教育资源得以更广泛地传播和分享。对于贫困地区和弱势群体来说，数字技术提供了一个接触优质教育资源的平台，有助于缩小教育差距，提升他们的教育水平，从而增加他们获得更高收入的机会。

（二）数字技术促进就业机会平等

数字技术为就业市场带来了更多的机会和可能性。一方面，通过电子商务平台和众包平台等，人们可以更加便捷地参与各种经济活动，获取收入来源。这为贫困地区和弱势群体提供了更多的就业机会，有助于缩小他们与富

裕地区之间的收入差距。另一方面，数字技术也推动了就业结构的变革，使得工作可以更加灵活地安排，人们可以根据自己的能力和兴趣选择适合自己的工作，从而提高了就业满意度和收入水平。

（三）数字技术优化资源配置效率

数字技术通过大数据分析和云计算等手段，可以更加精准地把握市场需求和资源分布，优化资源配置，提高经济效率。这有助于减少资源浪费和冗余，使得更多的资源能够用于创造社会价值和提升人民生活水平。对于贫困地区和弱势群体来说，数字技术有助于他们更好地融入市场经济体系，获取更多的资源和发展机会，从而缩小与富裕地区的差距。

（四）数字技术助力农业与农村发展

农业是许多发展中国家的重要经济支柱，而农村地区往往是贫富差距较大的地方。数字技术通过精准农业和智能农业等方式，为农业生产提供了更加科学、高效的支持。这不仅可以提高农业生产效率和质量，还可以帮助农民增加收入，改善生活条件。同时，数字技术还推动了农村电商的发展，使得农产品可以更加便捷地销售到全国甚至全球市场，进一步拓宽了农民的收入来源。

（五）数字技术促进金融普惠性

金融服务在缩小贫富差距中发挥着重要作用。然而，传统的金融服务往往存在覆盖面不足和服务成本高等问题。数字技术通过移动支付和互联网金融等方式，降低了金融服务的门槛和成本，使得更多的人能够享受到便捷、高效的金融服务。这有助于缓解贫困地区和弱势群体的金融排斥问题，提高他们的金融素养和风险管理能力，从而增加他们的财富积累机会。

（六）数字技术推动社会治理创新

数字技术的发展也为社会治理创新提供了可能。通过大数据和人工智能等技术手段，政府可以更加精准地了解社会民生状况，制定更加科学合理的政策措施。同时，数字技术还可以提高政府服务的效率和透明度，增强公民对政府工作的信任和支持。这有助于减少社会不公和矛盾，促进社会的和谐稳定。

然而，虽然数字技术在缩小贫富差距方面发挥了重要作用，但我们也要认识到其局限性。首先，数字技术的普及和应用需要一定的基础设施支持，而一些贫困地区可能无法满足这些条件。其次，数字技术的使用需要一定的技能和知识，而一些弱势群体可能缺乏这些能力。因此，在推动数字技术的发展和应用过程中，我们需要关注这些问题，并采取有效措施加以解决。

三、数字技术在促进社会公平正义中的潜力

在信息化、数字化高速发展的今天，数字技术不仅为经济增长注入了新的活力，更在促进社会公平正义方面展现出了巨大的潜力。数字技术以其独特的优势，正在逐步改变社会结构，优化资源配置，提升公共服务的普及性和效率，为公平正义的实现提供了新的可能。

（一）数字技术促进信息公开与透明

信息是现代社会运行的基础，信息公开与透明是保障社会公平正义的重要前提。数字技术，特别是互联网和大数据技术的应用，使得信息的获取、传播和处理变得更为便捷和高效。政府、企业和社会组织可以通过网络平台及时发布信息，公众也可以通过互联网获取所需的信息，从而增强了社会的透明度。这种透明度的提升有助于减少信息不对称，防止权力滥用和腐败现象的发生，进而促进社会公平正义。

（二）数字技术优化资源配置

资源的合理配置是实现社会公平正义的关键。数字技术通过大数据、云计算等技术手段，能够精确分析市场需求和资源分布，实现资源的优化配置。例如，在医疗领域，数字技术可以帮助医疗机构更好地掌握患者需求，优化医疗资源布局，提高医疗服务的质量和效率；在教育领域，数字技术可以打破地域限制，实现优质教育资源的共享，缩小教育差距。这些都有助于促进社会公平正义的实现。

（三）数字技术提升公共服务水平

公共服务是社会公平正义的重要体现。数字技术可以通过智能化、自动化的方式提升公共服务的普及性和效率。例如，政府可以通过建设数字政务平台，实现政务服务的在线化、便捷化，提高政府服务的效率和质量；企业可以通过数字技术提供更加个性化、精准化的服务，满足消费者的多样化需求。这些都有助于提升公共服务的普及性和质量，促进社会公平正义的实现。

（四）数字技术助力法律与司法的公正性

法律是社会公平正义的基石，而司法则是法律实施的关键环节。数字技术可以通过提升司法透明度、优化司法流程、加强司法监督等方式，促进法律的公正实施。例如，数字法院、电子诉讼等数字化司法方式的推广，使得司法过程更加透明、高效，提高了司法公信力。同时，通过大数据等技术手段对司法数据进行挖掘和分析，可以为司法决策提供科学依据，提高司法决策的质量和准确性。这些都有助于维护社会公平正义，增强人民群众的法治获得感。

（五）数字技术推动社会治理创新

社会治理是社会公平正义的重要保障。数字技术可以通过智能化、精细化的方式推动社会治理创新，提升社会治理的效能和水平。例如，通过建设智慧城市、智慧社区等数字化治理平台，可以实现对社会问题的实时监测和预警，提高社会治理的针对性和有效性。同时，数字技术还可以帮助政府和社会组织更好地了解民意、汇聚民智，推动决策的科学化和民主化。这些都有助于提升社会治理的效能和水平，促进社会公平正义的实现。

然而，尽管数字技术在促进社会公平正义方面展现出了巨大的潜力，但我们也应看到其存在的挑战和问题。例如，数字鸿沟问题、数据安全与隐私保护问题、技术滥用与误用问题等都需要我们予以关注和解决。

四、数字技术在推动经济可持续发展中的作用

随着信息技术的飞速发展，数字技术已经成为推动经济可持续发展的重要力量。数字技术通过提升生产效率、优化资源配置、促进创新等方式，为经济可持续发展注入了新的动力。

（一）提升生产效率与降低成本

数字技术通过自动化、智能化等手段，可以显著提升生产效率，降低生产成本。在制造业领域，数字技术的应用使得生产线变得更加智能、高效，提高了产品的质量和产量。在农业领域，精准农业、智能农机等技术的应用，使得农业生产更加精准、高效，提高了农产品的产量和质量。这些生产效率的提升和成本的降低，有助于企业提高竞争力，实现可持续发展。

（二）优化资源配置与减少浪费

数字技术通过大数据分析、云计算等手段，可以更加精准地把握市场需求和资源分布，优化资源配置，减少资源浪费。在能源领域，数字技术可以实时监测和分析能源使用情况，优化能源供应和分配，降低能源消耗和排放。在物流领域，数字技术的应用可以实现物流信息的实时共享和智能调度，提高物流效率和减少物流成本。这些优化资源配置和减少浪费的措施，有助于实现经济的绿色、低碳发展。

（三）促进创新与驱动发展

数字技术为创新提供了强大的支持。通过数字技术，企业可以更加便捷地获取信息和知识，加速技术研发和创新。同时，数字技术也为企业提供了更加灵活和高效的商业模式，推动了新业态、新模式的涌现。这些创新不仅有助于提升企业的竞争力，也为经济可持续发展提供了新的动力。

（四）助力数字经济与产业融合

数字技术的普及和应用推动了数字经济的蓬勃发展。数字经济以其高效、便捷、低碳等特点，成为推动经济可持续发展的重要力量。同时，数字技术也促进了产业间的融合，推动了传统产业的转型升级。通过数字技术，不同产业之间可以实现信息共享、资源互补，形成更加紧密的产业链和价值链，提升整个产业的竞争力。

（五）提升公共服务与促进社会公平

数字技术通过提升公共服务的普及性和效率，有助于促进社会公平和可持续发展。在教育领域，数字技术的应用使得优质教育资源得以更广泛地共享，提高了教育公平性和普及率。在医疗领域，远程医疗、电子病历等技术的应用，使得医疗服务更加便捷和高效，提高了医疗服务的普及性和质量。这些公共服务的提升，有助于缩小社会差距，促进社会公平和可持续发展。

（六）促进全球合作与共享发展

数字技术为全球合作和共享发展提供了新的机遇。通过数字技术，不同国家和地区之间可以实现信息共享、资源互补，推动全球经济的协同发展。同时，数字技术也为发展中国家提供了更多的发展机会，帮助他们缩小与发达国家的差距，实现共同发展。这种全球合作和共享发展的模式，有助于推动全球经济的可持续发展。

然而，尽管数字技术在推动经济可持续发展中发挥了重要作用，但我们也应看到其存在的挑战和问题。例如，数字技术的快速发展可能加剧数字鸿沟，使得一些地区和人群无法享受到数字技术带来的便利和机遇。此外，数字技术的安全和隐私保护问题也需要我们予以关注和解决。

第五节　民营经济与共同富裕的关联

一、民营经济在促进共同富裕中的重要作用

在中国特色社会主义的发展道路上，民营经济作为一支不可忽视的力量，不仅为经济增长贡献了巨大的活力，更在促进共同富裕方面发挥了重要作用。共同富裕，作为中国特色社会主义的本质要求，旨在实现全体人民的全面富裕，而民营经济在这一目标的实现过程中，扮演了关键的角色。

首先，民营经济在促进就业和增加收入方面发挥了重要作用。作为市场经济的重要主体，民营企业通过创造就业机会，为广大劳动者提供了稳定的收入来源。特别是在一些劳动密集型的行业中，民营企业更是成为吸纳就业的主力军。通过提供工作机会，民营企业不仅帮助劳动者实现了个人价值，也为他们创造了实现共同富裕的基础条件。此外，随着民营经济的发展壮大，许多企业开始注重员工福利和薪酬水平的提升，进一步增加了劳动者的收入，为共同富裕的实现奠定了物质基础。

其次，民营经济在推动创新和产业升级方面也发挥了重要作用。创新是引领发展的第一动力，而民营企业往往是创新的主力军。通过引进新技术、新工艺和新管理模式，民营企业推动了产业的升级和转型，提高了生产效率和质量。这不仅有助于提升企业的竞争力，也为整个经济社会的发展注入了新的活力。在共同富裕的道路上，创新是推动经济发展的重要动力，而民营经济在这一方面的积极作用不可忽视。

再者，民营经济在促进区域协调发展方面发挥了重要作用。中国地域辽阔，各地区之间的经济发展水平和资源禀赋差异较大。民营经济凭借其灵活性和适应性强的特点，能够在不同地区之间实现资源的优化配置和产业的协同发展。通过跨地区投资、合作和产业链整合等方式，民营企业促进了区域间的经济交流和合作，推动了区域经济的协调发展。这不仅有助于缩小地区间的发展差距，也为实现共同富裕创造了有利的条件。

此外，民营经济在履行社会责任和推动社会进步方面也发挥了重要作用。许多民营企业积极参与社会公益事业，通过捐赠、扶贫、助学等方式回馈社会。同时，他们还注重环保和可持续发展，努力减少对环境的影响，推动绿色经济的发展。这些举措不仅提升了企业的社会形象，也为实现共同富裕营造了良好的社会环境。

然而，要充分发挥民营经济在促进共同富裕中的重要作用，还需要政府和社会各界的共同努力。政府应加大对民营企业的支持力度，提供更加公平、透明、便利的营商环境，激发民营企业的创新活力和发展动力。同时，还应加强对民营企业的监管和引导，确保其依法经营、诚信经营，为共同富裕的实现贡献力量。社会各界也应加强对民营经济的理解和支持，为其发展创造良好的舆论氛围和社会环境。

二、民营经济如何通过创新和发展实现共同富裕

民营经济通过创新和发展实现共同富裕是一个复杂而深远的话题，它涉及经济、社会、政策等多个层面。

（一）民营经济在共同富裕中的角色定位

民营经济作为社会主义市场经济的重要组成部分，其在推动经济发展、增加就业、促进创新等方面发挥着不可替代的作用。在共同富裕的道路上，民营经济不仅是经济增长的重要引擎，更是实现社会公平正义、缩小贫富差距的重要力量。

共同富裕是社会主义的本质要求，而民营经济的活力与创造力是实现这一目标的重要手段。通过创新和发展，民营经济能够不断提升自身竞争力，为社会创造更多财富，同时带动更多人共享发展成果。

（二）创新驱动民营经济实现共同富裕

技术创新：民营企业应加大研发投入，推动技术创新，提升产品质量和服务水平。通过引进先进技术、培养创新型人才、建立产学研合作机制等方式，不断提升自身技术实力，为市场提供更多高品质、高附加值的产品和服务。

模式创新：民营经济应积极探索新的商业模式和经营方式，以适应市场变化和消费者需求。通过发展电子商务、共享经济、智能制造等新兴业态，降低运营成本，提高经营效率，实现可持续发展。

管理创新：民营企业应完善内部管理制度，提升管理水平，激发员工积极性和创造力。通过引入现代企业管理理念和方法，优化组织结构，完善激励机制，提升企业的整体竞争力。

（三）发展助力民营经济实现共同富裕

拓展市场空间：政府应进一步放宽市场准入，为民营企业创造更加公平、开放的市场环境。同时，民营企业也应积极开拓国内外市场，扩大市场份额，提升自身影响力。

优化产业布局：民营企业应根据自身优势和市场需求，优化产业布局，推动产业结构升级。通过发展新兴产业、改造传统产业、提升服务业水平等方式，实现产业结构的优化和升级。

深化产学研合作：民营企业应加强与高校、科研机构的合作，共同开展技术研发和人才培养工作。通过产学研合作，实现资源共享、优势互补，推动科技创新和成果转化。

（四）政策保障民营经济实现共同富裕

完善法律法规：政府应完善相关法律法规，保障民营企业的合法权益。通过加强知识产权保护、打击不正当竞争行为等方式，为民营企业营造良好的法治环境。

落实减税降费政策：政府应继续加大减税降费力度，减轻民营企业负担。通过降低企业税费、优化税收结构等方式，提高民营企业的盈利能力和市场竞争力。

加强金融服务支持：金融机构应加大对民营企业的支持力度，提供多样化的金融服务。通过创新金融产品、优化信贷结构等方式，满足民营企业不同阶段的融资需求。

（五）民营经济实现共同富裕的路径探索

在探索民营经济实现共同富裕的路径时，我们需要关注以下几个方面：一是加强民营企业社会责任意识，推动其积极参与社会公益事业；二是建立健全收入分配制度，确保劳动者能够公平分享企业发展成果；三是推动城乡区域协调发展，缩小发展差距，实现共同富裕。

总之，民营经济通过创新和发展实现共同富裕是一个长期而艰巨的任务。我们需要从多个方面入手，加强政策支持、优化市场环境、提升创新能力、深化产学研合作等，共同推动民营经济健康发展，为实现共同富裕目标贡献力量。

三、政府如何引导和支持民营经济在共同富裕中发挥更大作用

民营经济作为社会主义市场经济的重要组成部分，在推动经济增长、增加就业、促进创新等方面发挥着不可或缺的作用。在追求共同富裕的道路上，政府应当积极引导和支持民营经济，使其发挥更大的作用。

（一）优化政策环境，为民营经济提供广阔的发展空间

政府应深化"放管服"改革，简化审批程序，降低市场准入门槛，为民营企业创造更加公平、开放的市场环境。同时，完善相关法律法规，保护民营企业的合法权益，确保其在市场竞争中享有平等的地位和机会。此外，政府还应加强政策协调性和稳定性，避免政策频繁调整给民营企业带来不必要的困扰和风险。

（二）加强服务体系建设，提升民营经济发展质量

政府应加大对民营企业的服务力度，建立完善的服务体系。首先，加强信息服务，为民营企业提供及时、准确的市场信息、政策信息和技术信息，帮助其把握市场机遇和政策动向。其次，加强融资服务，完善金融服务体系，降低民营企业融资成本，提高其融资便利性。此外，还应加强人才服务、技术服务和法律咨询等方面的服务，全面提升民营企业的综合素质和竞争力。

（三）创新激励机制，激发民营经济创新活力

政府应加大对民营企业创新的支持力度，通过设立创新基金、提供税收优惠等方式，鼓励民营企业加大研发投入，推动技术创新和产业升级。同时，建立完善的创新成果评价机制，对具有重大创新成果的民营企业给予奖励和表彰，激发其创新热情。此外，政府还应加强产学研合作，推动民营企业与高校、科研机构等合作开展技术研发和成果转化，提升整体创新水平。

（四）引导民营企业履行社会责任，实现经济与社会协调发展

政府应引导民营企业树立正确的价值观，积极履行社会责任。首先，加强宣传教育，提高民营企业对社会责任的认识和重视程度。其次，建立健全

社会责任评价体系，对履行社会责任表现突出的民营企业给予表彰和奖励。同时，鼓励民营企业参与社会公益事业，支持扶贫济困、教育医疗等领域的发展，实现经济与社会协调发展。

（五）加强监管与规范，确保民营经济健康发展

在引导和支持民营经济发展的过程中，政府还应加强监管和规范工作。通过建立健全监管机制，加强对民营企业的日常监管和风险防范，确保其合法合规经营。同时，加大对违法违规行为的查处力度，维护市场秩序和公平竞争环境。此外，政府还应加强行业自律组织建设，推动行业内部规范管理和自我约束机制的完善。

（六）促进民营经济与国有经济的融合发展

政府应积极推动民营经济与国有经济的融合发展，实现优势互补、共同发展。通过混合所有制改革等方式，鼓励国有企业与民营企业进行深度合作，共同开拓市场、共享资源、共担风险。同时，加强产权保护，确保各类企业在融合发展中的合法权益得到充分保障。

四、民营经济在共同富裕中的挑战与机遇

民营经济作为中国特色社会主义市场经济的重要组成部分，在推动经济增长、增加就业、促进创新等方面发挥着不可替代的作用。在追求共同富裕的道路上，民营经济既面临着诸多挑战，也蕴含着巨大的机遇。

（一）民营经济在共同富裕中的挑战

在全球化和信息化的大背景下，国内外经济环境日趋复杂多变，民营企业面临着更加激烈的市场竞争和更加严峻的市场风险。市场需求的波动、国际贸易摩擦、汇率波动等因素都可能对民营企业的经营产生重大影响。此外，国内政策调整、法律法规变化等也可能给民营企业带来不确定性。尽管国家

出台了一系列支持民营企业发展的政策措施，但融资难、融资贵问题仍然是制约民营经济发展的重要因素。由于民营企业规模相对较小、信用评级较低，往往难以获得银行贷款等低成本融资方式。此外，一些金融机构对民营企业的风险评估过于严格，也限制了其融资渠道的拓展。

在知识经济和数字化时代，技术创新成为企业发展的重要驱动力。然而，许多民营企业由于资金、人才等方面的限制，难以进行大规模的技术研发和创新。同时，随着人口红利的逐渐消失，人才短缺问题也日益凸显，民营企业面临着更加激烈的人才竞争。民营企业在追求经济效益的同时，也需要承担相应的社会责任。然而，在一些情况下，企业的社会责任与利益诉求可能存在矛盾。例如，一些企业为了追求短期利益而忽视环境保护、安全生产等问题，这不仅损害了社会公共利益，也影响了企业的长期发展。

（二）民营经济在共同富裕中的机遇

随着国家对民营经济的重视程度不断提升，政府出台了一系列支持民营企业发展的政策措施。这些政策涵盖了减税降费、融资支持、市场准入等方面，为民营企业的发展提供了有力的政策保障。此外，政府还加大了对民营企业的服务力度，建立了完善的服务体系，为民营企业提供了更加便捷、高效的服务。

随着国内经济的持续发展和居民收入水平的提高，市场需求呈现出多元化、个性化的特点。这为民营企业提供了广阔的市场空间和发展机遇。民营企业可以充分发挥自身的灵活性和创新性，不断开发新产品、拓展新市场，满足消费者的多样化需求。

当前，新一轮科技革命和产业变革正在加速推进，为民营企业提供了难得的发展机遇。民营企业可以通过加强技术研发和创新能力，推动产业升级和转型，提高自身的核心竞争力和市场份额。同时，随着数字经济、绿色经济等新兴产业的快速发展，民营企业也可以在这些领域寻找新的增长点和发展空间。随着"一带一路"等国际合作倡议的深入推进，民营企业可以积极参与国际经济合作与竞争，拓展国际市场。通过引进国外先进技术和管理经验，民营企业可以提升自身的发展水平和国际竞争力。同时，民营企业还可以借助国际合作平台，加强与其他国家和地区的经贸往来和文化交流，推动全球经济的共同繁荣。

（三）应对挑战、抓住机遇的策略建议

面对挑战和机遇并存的局面，民营企业需要采取积极的策略来应对挑战、抓住机遇。首先，加强内部管理和风险控制，提高抵御市场风险的能力。其次，积极拓展融资渠道，降低融资成本，为企业的发展提供充足的资金支持。同时，加大技术研发和人才培养力度，提高企业的创新能力和核心竞争力。此外，民营企业还应积极履行社会责任，树立良好的企业形象和品牌形象，为企业的长期发展奠定坚实的基础。

第六节　共同富裕理论的实践意义

一、共同富裕理论对指导社会发展的重要性

首先，实现共同富裕是社会主义的本质要求。贫穷不是社会主义，这一朴素认识已为人们普遍接受。马克思主义创始人早已指出，未来社会"生产将以所有的人富裕为目的"。人的自由而全面的发展，意味着全体社会成员的发展，或每一个人的发展，而非仅有一部分人的发展，这是社会发展与个人发展的真正统一。因此，共同富裕不仅强调人民群众物质生活的富裕，还包括精神生活的丰盈，其与促进人的全面发展高度统一。对于中国特色社会主义而言，实现共同富裕是其建设的重要任务之一。当前，全国上下齐心协力，着力推动高质量发展，将实现共同富裕作为新时代中国特色社会主义建设的重要目标。

其次，共同富裕理论对丰富和拓展马克思主义具有重大意义。发展为了人民，是马克思主义政治经济学的根本立场。中国共产党团结带领人民，从理论和实践两方面对实现共同富裕问题进行了持续而深入的探索，在革命、建设和改革各个历史时期，不断推进共同富裕。进入新时代，以习近平同志为核心的党中央坚持以人民为中心的发展思想，将扎实推动共同富裕与社会主义现代化建设进程相结合，进一步丰富和拓展了马克思主义的共同富裕思想。

最后，共同富裕理论也体现了中华民族对"老有所终，壮有所用，幼有所长"理想社会的向往。自古以来，我国人民就向往一种和谐、美好的社会状态。《礼记·礼运》中具体而生动地描绘了"小康"社会和"大同"社会的状态，这些都体现了中华民族对理想社会的追求和探索。在当今时代，共同富裕理念的提出和实施正是对这一追求的现代回应和实践探索。

在实现共同富裕的过程中，还需要关注以下几个方面：

一是要坚持以人民为中心的发展思想。这意味着在发展经济和社会事业时，必须始终把人民的利益放在首位，确保发展成果由人民共享。只有这样，才能真正实现共同富裕的目标。

二是要注重高质量发展。高质量发展是实现共同富裕的必由之路。通过提高经济发展的质量和效益，才能不断创造更多的财富和就业机会，为实现共同富裕提供坚实的物质基础。

三是要加强社会保障体系建设。社会保障体系是实现共同富裕的重要保障机制。通过建立健全的社会保障体系，可以保障困难群众的基本生活需求，减轻其经济负担和精神压力。同时，还可以促进社会和谐发展。

四是要推动城乡区域协调发展。城乡区域协调发展是实现共同富裕的重要途径之一。通过加大对农村地区的投入和支持力度，可以促进农村经济发展和社会进步；通过实施区域协调发展战略和政策措施，可以缩小地区之间的差距和不平衡现象；通过推进新型城镇化战略和城市更新行动等举措，优化城市布局和空间结构，提升城市综合承载能力和居民生活质量，进而促进城乡区域协调发展，实现共同富裕的目标。

二、共同富裕理论在解决现实问题中的应用价值

随着中国特色社会主义进入新时代，我国在经济、社会等各个领域取得了显著成就。然而，面对复杂多变的国内外形势和各种风险挑战，如何持续推动全体人民共同富裕，实现高质量发展，成为当前和今后一个时期的重要任务。在这个过程中，共同富裕理论发挥着至关重要的作用。

（一）共同富裕理论是指导我国经济持续发展的重要指南

共同富裕理论强调经济持续增长和社会生产力持续发展在实现共同富裕中的基础性作用。这表明在我国推进共同富裕的过程中，必须始终坚持发展是第一要务的原则，通过深化改革、扩大开放和创新驱动等方式，不断解放和发展社会生产力，为共同富裕提供坚实的物质基础。同时，共同富裕理论还注重发展成果的共享问题，强调不同群体间发展成果的分享应趋于均衡。这就要求我们在经济发展中关注民生福祉，提高劳动报酬在初次分配中的比重，完善社会保障体系，促进教育公平等，让发展成果更多更公平地惠及全体人民。

（二）共同富裕理论有助于促进社会和谐稳定

共同富裕理论强调"公平"与"效率"的高水平组合在实现共同富裕中的重要性。这意味着在推进共同富裕的过程中，既要注重提高效率、创造财富，又要关注社会公平正义、维护社会稳定。在实践中，我们需要建立健全基本公共服务体系，提高公共服务水平，增强均衡性和可及性；坚持多劳多得、鼓励勤劳致富的原则，促进机会公平、增加低收入者收入、扩大中等收入群体等措施，以缩小收入差距、实现共同富裕。这些措施不仅有助于提高人民的生活水平和幸福感，也有助于增强社会凝聚力和向心力。

（三）共同富裕理论是推动构建人类命运共同体的重要支撑

共同富裕理论不仅关注本国人民的福祉，也倡导全球范围内的共同发展与合作。在当前全球化深入发展的背景下，各国相互联系、相互依存的程度日益加深。因此，我国提出的构建人类命运共同体的理念与共同富裕理论具有内在的一致性。在实践中，我们需要秉持共商共建共享的全球治理观，积极参与全球治理体系改革和建设；推动建设开放型世界经济，促进贸易和投资自由化便利化；加强国际人文交流合作，促进不同文明交流互鉴等举措，以推动构建人类命运共同体。这些举措不仅有助于增进各国人民之间的相互理解和友谊，也有助于为世界和平与发展作出积极贡献。

三、共同富裕理论对未来社会发展的启示与影响

共同富裕理论是社会主义现代化的重要目标，也是马克思主义为未来社会设定的理想样态。对于未来社会的发展，共同富裕理论不仅提供了深刻的启示，而且将产生深远的影响。

（一）推动经济持续健康发展，实现高质量增长

共同富裕理论提醒我们，未来社会的发展必须以经济持续健康发展为基础。在推动经济发展的过程中，我们不仅要注重速度和规模，更要注重质量和效益。通过深化供给侧结构性改革，优化产业结构，提高创新能力，实现经济的高质量增长。

同时，共同富裕理论强调发展成果应由全体人民共享。因此，在未来社会的发展中，我们需要更加注重公平与效率的平衡。通过完善收入分配制度，提高劳动报酬在初次分配中的比重，扩大中等收入群体，逐步缩小贫富差距。这样不仅可以激发人民群众的积极性、主动性和创造性，还可以增强社会的稳定性和凝聚力。

（二）促进社会公平正义，构建和谐社会

共同富裕理论强调社会公平正义的重要性。在未来社会的发展中，我们需要更加注重社会公平，努力消除各种不公平现象。通过加强法治建设，保障人民群众的合法权益；完善社会保障体系，提高社会保障水平；加强教育、医疗等公共服务体系建设，让人民群众享有更加公平的教育和医疗资源。

同时，共同富裕理论还倡导构建和谐社会。在未来社会的发展中，我们需要注重人与自然的和谐共生，推动绿色发展、循环发展、低碳发展；注重人与社会的和谐共处，加强社会治理创新，维护社会安定有序；注重人与人之间的和谐相处，倡导诚信友善、和睦共处的社会风尚。

（三）推动人的全面发展，实现人的自由而全面的发展

共同富裕理论的核心是人的自由而全面的发展。在未来社会的发展中，我们需要更加注重人的全面发展，包括物质文化生活的丰富、精神境界的提升以及个人潜能的充分发挥。

首先，我们要通过经济发展和社会进步，为人民群众提供更为丰富的物质文化生活。这包括提高居民收入水平，改善居住条件，提升消费水平，以及丰富文化娱乐活动等。通过这些措施，我们可以让人民群众在物质生活上得到更多的满足，为他们的全面发展提供物质基础。

其次，我们要注重人民群众精神境界的提升。通过加强思想道德建设，弘扬社会主义核心价值观，引导人民群众树立正确的世界观、人生观和价值观。同时，我们还要推动教育事业的全面发展，提高国民素质，培养更多具有创新精神和实践能力的人才。

最后，我们要为每个人提供充分展示自己才能和潜力的机会。通过深化改革，打破束缚人才发展的体制机制障碍，营造公平竞争的市场环境。同时，我们还要加强社会保障和公共服务体系建设，为每个人提供基本的生活保障和发展支持。

四、共同富裕理论在推动全球发展中的作用

随着全球化的不断深入，各国之间的联系日益紧密。在这一背景下，共同富裕的理念逐渐在全球范围内得到关注和认可。作为一种追求全体人民共同繁荣的理论，共同富裕不仅在中国特色社会主义建设中发挥着重要作用，也对全球发展产生了深远的影响。

首先，共同富裕是中国特色社会主义的本质要求。新中国成立后，以毛泽东同志为核心的党的第一代中央领导集体就确立了实现共同富裕的目标。改革开放后，邓小平同志进一步阐述了社会主义的本质，强调了解放生产力、发展生产力、消灭剥削、消除两极分化，最终达到共同富裕。这一理念体现了中国共产党对共同富裕的坚定追求和深刻思考。

其次，共同富裕是推动经济持续健康发展的强大动力。在实现共同富裕的过程中，我们需要不断做大蛋糕并切好蛋糕。这意味着要通过经济发展和社会进步为人民群众创造更多的财富和福祉。同时，我们还要关注发展的平衡性和充分性，确保不同群体都能享受到发展的成果。这种发展模式有助于激发人民群众的积极性和创造力，增强社会的凝聚力和向心力。

最后，共同富裕还有助于构建更加和谐的社会关系。当人们的物质生活和精神生活都得到满足时，他们之间的利益冲突和社会矛盾就会减少，社会关系也会变得更加和谐稳定。这对于维护世界和平与促进共同发展具有重要意义。

在全球化的今天，共同富裕的理念对于推动全球发展也具有重要的意义。一方面，中国的快速发展为全球经济增长提供了重要动力。作为世界第二大经济体，中国对世界经济的贡献率持续居世界第一位，这为全球经济带来了宝贵的增长机遇。同时，中国还积极参与全球治理体系改革和建设，推动构建人类命运共同体，倡导促进各国共同发展和繁荣。

另一方面，共同富裕的理念有助于增进国际社会对中国的理解和认同。在当今世界，各国之间的相互依存程度日益加深。如果一个国家能够真正实

现全体人民的共同富裕，那么它就有可能成为一个更加开放、包容、合作的国家。这样的国家不仅有利于自身的发展，也有利于世界的和平与发展。因此，共同富裕的理念不仅是中国自身的追求和目标，也是国际社会对中国未来发展的期待和希望。

当然，要实现共同富裕并不是一蹴而就的事情。它需要长期的努力和探索。在这个过程中，我们需要坚持科学发展观为指导思想和实践路径；需要不断探索创新实践方式和方法；需要凝聚全社会的智慧和力量共同参与推动。但只要我们坚持不懈地努力下去，就一定能够实现这个伟大的目标，并为世界的发展作出新的更大的贡献。

第七章　数字化时代的政府政策支持

第一节　数字化时代下政府对民营经济的定位

一、政府在数字经济中的角色与定位

随着信息技术的迅猛发展和互联网的普及，数字经济已成为推动全球经济增长的重要引擎。数字经济以其独特的优势，为经济社会发展带来了前所未有的机遇和挑战。在这个背景下，政府作为经济社会发展的主导者和管理者，在数字经济中的角色与定位显得尤为重要。

（一）政府的角色

在数字经济中，政府扮演着多重角色，包括规划者、引导者、监管者和服务者等。

政府作为数字经济发展的规划者，负责制定数字经济发展战略和规划，明确发展目标和路径。通过制定相关政策和措施，政府为数字经济发展提供方向和支持，促进数字经济的健康有序发展。政府在数字经济中扮演着引导者的角色，通过引导和推动各类市场主体积极参与数字经济建设，激发市场活力和创新动力。政府通过提供政策扶持、资金支持、

税收优惠等措施，鼓励企业加大研发投入，推动数字经济技术创新和产业升级。

随着数字经济的不断发展，各类新兴业态和模式不断涌现，对政府的监管能力提出了更高的要求。政府需要加强对数字经济的监管，维护市场秩序和公平竞争，保障消费者权益和数据安全。同时，政府还需要不断完善法律法规体系，为数字经济的健康发展提供法律保障。政府作为数字经济的服务者，需要不断提升服务水平，为企业和公众提供便捷、高效的服务。通过优化政务服务流程、推动数字化转型、加强信息基础设施建设等措施，政府可以提高服务效率和质量，满足数字经济发展的需求。

（二）政府的定位

在数字经济中，政府的定位应当是基于促进数字经济发展的角度出发，发挥其在政策制定、市场引导、监管保障和服务支持等方面的作用。

政府应深入研究数字经济的发展趋势和规律，结合本国国情和发展实际，制定科学合理的数字经济发展政策体系。政策体系应包括产业发展、技术创新、人才培养、数据治理等多个方面，为数字经济的全面发展提供有力支撑。政府应发挥市场引导作用，通过政策扶持和市场机制相结合，推动数字经济与传统产业深度融合，促进新旧动能转换。同时，政府还应加强对数字经济的监测和分析，及时发现和解决市场运行中的问题，确保市场健康有序发展。

政府应加强对数字经济的监管力度，完善监管机制，确保数字经济的公平竞争和可持续发展。同时，政府还应加强对数据安全和个人隐私保护的监管，制定相关法规和标准，保障数字经济的安全稳定运行。政府应不断提升服务水平，为企业和公众提供高效便捷的服务。通过优化政务服务流程、推动数字化转型、加强信息基础设施建设等措施，政府可以降低企业和公众的办事成本，提高办事效率，为数字经济的发展创造良好环境。

（三）面临的挑战与对策

在数字经济中，政府面临着诸多挑战，如技术更新迅速、市场变化莫测、数据安全风险等。为了应对这些挑战，政府需要采取以下对策：

政府应加大对数字经济技术创新的投入力度，支持企业加强技术研发和应用推广。同时，政府还应加强数字经济人才培养和引进工作，为数字经济的发展提供充足的人才保障。政府应加快制定和完善数字经济相关的法律法规体系，明确各方权责和利益分配机制。通过法律手段规范市场秩序和竞争行为，保障数字经济的健康发展。数字经济是全球性的产业，各国之间的合作与交流对于推动数字经济的发展具有重要意义。政府应积极参与国际数字经济合作与交流活动，学习借鉴国际先进经验和技术成果，推动数字经济的国际化发展。

二、政府对民营经济发展的政策支持与引导

民营经济是我国社会主义市场经济的重要组成部分，是推动经济社会持续健康发展的重要力量。在全面深化改革和扩大开放的新时代背景下，政府对民营经济发展的政策支持与引导显得尤为重要。

（一）政府对民营经济的政策支持

为减轻民营企业负担，激发市场活力，政府实施了一系列减税降费政策。这些政策包括降低增值税税率、扩大抵扣范围、提高研发费用加计扣除比例等，有效降低了民营企业的税收负担，增加了企业利润，为民营经济的发展提供了有力支持。政府通过优化金融政策，为民营企业提供更多融资渠道和更低成本的资金支持。这包括完善信贷政策，鼓励金融机构加大对民营企业的信贷投放；推动多层次资本市场建设，为民营企业提供上市融资和债券发行等渠道；加强政府性融资担保体系建设，为民营企业提供担保增信服务等。

政府通过制定产业发展规划和政策，引导民营企业向符合国家战略和市场需求的方向发展。这包括支持民营企业参与新兴产业、高新技术产业和绿色低碳产业的发展，推动传统产业转型升级，提高民营企业的核心竞争力和市场占有率。

（二）政府对民营经济的引导方式

政府通过简化审批流程、减少审批环节、压缩审批时间等措施，优化营商环境，为民营企业提供更加便捷、高效的服务。同时，政府还加强市场监管，维护公平竞争的市场秩序，为民营企业创造良好的发展环境。政府通过设立创新创业基金、建设创新创业孵化器等措施，鼓励民营企业加大研发投入，提高自主创新能力。此外，政府还推动产学研用深度融合，促进科技成果转化，为民营企业提供更多创新资源和合作机会。

政府重视民营企业的人才培养与引进工作，通过实施人才计划、建设人才基地、举办人才交流活动等措施，为民营企业提供充足的人才保障。同时，政府还鼓励民营企业加强与国际先进企业的合作与交流，引进国外优秀人才和技术，提升企业核心竞争力。

（三）未来发展方向

政府应继续深化对民营经济的政策支持与引导，确保各项政策得到有效落实和执行。同时，政府还应加强政策宣传和解读工作，提高民营企业对政策的认知度和利用率。政府应进一步完善支持民营经济发展的政策体系，加强政策之间的协调性和互补性。同时，政府还应建立健全跨部门、跨地区的政策协调机制，形成政策合力，推动民营经济健康发展。

政府应加强对民营企业的服务与支持工作，建立健全服务体系和支持体系。这包括完善公共服务体系、加强行业协会和商会建设、推动产学研用深度融合等，为民营企业提供更多优质服务和支持。政府应引导民营企业转变发展方式，推动民营经济实现高质量发展。这包括鼓励民营企业加强品牌建设、提升产品质量和附加值、推动绿色低碳发展等，提高民营经济的整体竞争力和可持续发展能力。

三、政府与民营企业之间的合作与互动机制

在社会主义市场经济体制下，政府与民营企业之间的合作与互动机制发挥着至关重要的作用。这种机制不仅有助于优化资源配置、推动经济发展，还能促进社会和谐稳定。

（一）政府的角色定位与职能

在合作与互动机制中，政府扮演着多重角色，包括引导者、服务者、监管者等。政府需要制定和执行相关政策，为民营企业提供发展方向和政策支持。同时，政府还需要提供公共服务，优化营商环境，降低民营企业运营成本；此外，政府还需加强监管，确保市场秩序和公平竞争。

（二）民营企业的发展需求与特点

民营企业作为市场经济的重要主体，其发展需求与特点直接影响着与政府合作与互动的方式和效果。民营企业通常追求利润最大化，注重市场变化和消费者需求，具有灵活性和创新性。同时，民营企业也面临着资金、技术、人才等方面的挑战，需要政府提供相应支持和帮助。

（三）合作与互动的形式

政府与民营企业之间的合作与互动形式多种多样，主要包括以下几个方面：

1. 政策扶持与引导：政府通过制定优惠政策、提供财政补贴、降低税收等方式，引导民营企业投资和发展。同时，政府还通过规划引导、产业指导等方式，帮助民营企业明确发展方向和目标。

2. 公共服务与保障：政府提供基础设施建设、公共服务体系完善等支持，

降低民营企业运营成本，提高其运营效率。此外，政府还加强知识产权保护、维护市场秩序等工作，为民营企业创造公平竞争的环境。

3. 项目合作与对接：政府通过搭建平台、组织活动等方式，促进民营企业与政府、科研机构、高校等之间的项目合作与对接。这有助于民营企业获取先进技术、拓展市场渠道、提升品牌影响力等。

4. 信息共享与沟通：政府建立信息共享机制，及时发布政策信息、市场动态等，为民营企业提供决策参考。同时，政府还加强与民营企业的沟通交流，了解其需求和困难，及时提供帮助和支持。

（四）合作与互动的效果

政府与民营企业之间的合作与互动机制取得了显著效果。一方面，这种机制推动了民营企业的发展壮大，提高了其市场竞争力和创新能力；另一方面，这种机制也促进了政府职能的转变和服务水平的提升，增强了政府与民营企业之间的互信和合作意愿。

具体来说，合作与互动机制的效果表现在以下几个方面：

1. 促进了经济发展：通过政策扶持和引导，民营企业得以快速发展，成为经济增长的重要动力。同时，民营企业的发展也带动了就业、税收等方面的增长，为经济社会发展做出了积极贡献。

2. 优化了资源配置：政府与民营企业之间的合作与互动有助于实现资源的优化配置。政府通过规划引导和政策支持，引导民营企业向优势产业和区域集聚，提高了资源配置的效率。

3. 提升了公共服务水平：政府通过加强公共服务体系建设和优化营商环境等措施，提高了公共服务水平，为民营企业提供了更好的发展环境。

4. 增强了社会和谐稳定：政府与民营企业之间的合作与互动有助于增进彼此之间的理解和信任，减少社会矛盾和冲突。同时，民营企业的发展也为社会创造了更多就业机会和财富，增强了社会的和谐稳定。

（五）未来展望

展望未来，政府与民营企业之间的合作与互动机制将继续发挥重要作用。随着社会主义市场经济体制的不断完善和政府职能的进一步转变，政府将更加注重与民营企业的合作与互动，提供更加优质、高效的服务和支持。同时，民营企业也将更加注重与政府的合作与沟通，积极参与经济社会发展大局，共同推动我国经济社会的持续健康发展。

四、政府政策对民营经济创新发展的推动作用

民营经济作为社会主义市场经济的重要组成部分，其创新发展对于推动我国经济转型升级、实现高质量发展具有重要意义。政府政策在促进民营经济创新发展中扮演着至关重要的角色，通过制定和实施一系列政策措施，为民营企业提供了良好的创新环境和动力。

（一）政府政策在民营经济创新发展中的作用

政府政策在民营经济创新发展中发挥着多重作用。首先，政策能够引导民营企业明确创新方向和目标，通过制定产业发展规划、科技创新政策等，为民营企业提供创新发展的指引和支持。其次，政策能够降低民营企业创新风险，通过提供税收优惠、资金扶持等措施，减轻企业创新成本，激发企业创新活力。此外，政策还能够优化创新环境，加强知识产权保护、推动产学研用深度融合等，为民营企业创新提供良好的外部条件。

（二）政府政策对民营经济创新发展的具体推动作用

政府通过设立创新基金、提供贷款优惠等方式，为民营企业提供创新资金支持。这些资金可以用于企业研发、技术改造、人才引进等方面，有效缓解企业创新资金短缺的问题。同时，政府还鼓励金融机构加大对民营企业的信贷投放，降低企业融资成本，为企业创新发展提供有力的资金保障。政府

通过制定科技创新政策、设立科技奖项等方式，引导民营企业加强技术创新。政府还通过建设科技创新平台、推动产学研用深度融合等，为民营企业提供技术创新资源和合作机会。这些政策措施有助于民营企业紧跟科技发展趋势，提高自主创新能力，形成核心竞争力。

政府通过加强知识产权保护、维护市场秩序等措施，为民营企业创新提供良好的外部环境。政府还推动建设创新型城市、创新型园区等，为民营企业创新提供优质的载体和平台。这些政策措施有助于激发民营企业创新活力，推动形成大众创业、万众创新的良好氛围。政府通过实施人才计划、建设人才基地等措施，为民营企业培育创新人才。政府还鼓励民营企业加强与国际先进企业的合作与交流，引进国外优秀人才和技术。这些政策措施有助于提升民营企业的人才素质和创新能力，为企业创新发展提供有力的人才保障。

（三）政府政策推动民营经济创新发展的案例分析

以某地区为例，政府通过制定一系列政策措施，成功推动了该地区民营经济的创新发展。政府设立了创新基金，为民营企业提供创新资金支持。同时，政府还加强了知识产权保护工作，为民营企业创新提供了有力的法律保障。此外，政府还积极推动产学研用深度融合，鼓励民营企业与高校、科研机构等开展合作。这些政策措施的实施，使得该地区民营企业创新能力得到显著提升，涌现出一批具有核心竞争力的创新型企业。

（四）政府政策推动民营经济创新发展的挑战与对策

尽管政府政策在推动民营经济创新发展中发挥了重要作用，但仍面临一些挑战。例如，政策执行力度不够、政策之间存在不协调等问题。为应对这些挑战，政府应加强政策宣传和解读工作，提高民营企业对政策的认知度和利用率。同时，政府还应加强政策之间的协调性和互补性，形成政策合力，推动民营经济创新发展。

第二节　数字经济发展战略与规划

一、国家数字经济发展战略与目标

随着全球信息技术的飞速发展和互联网应用的普及，数字经济已成为推动经济增长、提升国家竞争力的重要力量。我国作为世界第二大经济体，正面临着数字经济带来的前所未有的发展机遇。因此，制定和实施国家数字经济发展战略，明确发展目标，对于推动我国经济社会持续健康发展具有重要意义。

（一）国家数字经济发展战略

国家数字经济发展战略是指国家为了推动数字经济发展而制定的一系列政策、措施和行动计划。这一战略旨在通过加强数字经济基础设施建设、促进数字技术创新和应用、优化数字经济发展环境等方式，提升我国数字经济的整体竞争力和国际影响力。

具体而言，国家数字经济发展战略应包括以下几个方面：

1. 加强数字经济基础设施建设。包括加快 5G、物联网、云计算、大数据等新一代信息技术基础设施建设，提升网络覆盖范围和传输速率，降低数字经济发展的技术门槛。

2. 促进数字技术创新和应用。加大对数字经济领域科技创新的支持力度，鼓励企业加大研发投入，推动数字经济与实体经济深度融合，培育新产业、新业态、新模式。

3. 优化数字经济发展环境。完善数字经济相关法律法规，加强数据资源保护和利用，推动数据共享和开放，为数字经济发展提供法治保障。同时，加强数字经济监管，防范数字经济风险，维护市场秩序。

4. 培养数字经济人才。加强数字经济领域人才培养和引进工作，提高人才素质和创新能力，为数字经济发展提供有力的人才保障。

（二）国家数字经济发展目标

国家数字经济发展目标是指国家数字经济发展战略所期望实现的具体指标和成果。这些目标既体现了国家对数字经济发展的期望和要求，也反映了数字经济发展的内在规律和趋势。

具体而言，国家数字经济发展目标应包括以下几个方面：

1. 提升数字经济规模和比重。力争在未来几年内，实现数字经济规模持续快速增长，占 GDP 比重不断提升，使数字经济成为推动经济增长的重要引擎。

2. 提高数字技术创新和应用水平。加强数字经济领域核心技术研发，推动数字经济与实体经济深度融合，培育一批具有国际竞争力的数字经济企业和品牌。

3. 优化数字经济结构和布局。推动数字经济在产业、区域、城乡之间协调发展，形成一批数字经济特色产业集群和示范区，提升数字经济整体竞争力。

4. 加强数字经济国际合作与交流。积极参与国际数字经济规则制定和治理体系建设，推动数字经济领域国际合作与交流，提升我国在全球数字经济治理中的话语权和影响力。

（三）实施国家数字经济发展战略与目标的路径

为了实施国家数字经济发展战略并实现既定目标，需要采取一系列具体的措施和行动路径。

首先，加强政策引导和扶持。政府应出台更多支持数字经济发展的政策措施，如税收优惠、资金扶持等，为数字经济企业创造良好的发展环境。同时，建立健全数字经济统计监测体系，及时掌握数字经济发展动态，为政策制定提供科学依据。

其次，推动数字经济与实体经济深度融合。鼓励传统产业利用数字技术进行转型升级，提高生产效率和质量。同时，支持数字经济领域新兴产业的发展，培育新的经济增长点。

再次，加强数字经济人才培养和引进。通过高等教育、职业教育等多种途径培养数字经济人才，同时积极引进海外优秀人才，为我国数字经济发展提供强大的人才支撑。

最后，加强国际合作与交流。积极参与国际数字经济规则制定和治理体系建设，推动数字经济领域国际合作与交流，共同应对数字经济发展中的挑战和问题。

二、数字经济的规划布局与实施路径

数字经济作为新时代的重要经济形态，正深刻改变着全球经济格局和产业结构。我国作为世界第二大经济体，正面临着数字经济发展的重要机遇和挑战。因此，科学规划布局和实施路径对于推动我国数字经济健康发展具有重要意义。

（一）数字经济的规划布局

数字经济的规划布局是指导数字经济发展的总体蓝图和行动指南，需要综合考虑国家战略需求、产业发展趋势、区域资源禀赋等多方面因素。

在国家战略层面，数字经济规划布局应紧密结合国家发展战略，如"十四五"规划等，明确数字经济发展的总体目标、重点任务和保障措施。同时，要加强与其他战略规划和政策的衔接，形成政策合力，共同推动数字经济发展。

在产业层面，应根据数字经济的特点和发展趋势，优化产业结构，促进传统产业数字化转型，培育新兴数字产业。同时，加强产业链上下游的协同发展，形成完整的数字经济产业链和生态圈。

在区域层面,应根据各地的资源禀赋和发展基础,实施差异化的数字经济发展策略。鼓励东部地区发挥先发优势,引领数字经济发展;支持中西部地区利用后发优势,实现跨越式发展;加强东北地区等老工业基地的数字化转型和改造。

(二)数字经济的实施路径

数字经济的实施路径是将规划布局转化为具体行动和实践的过程,需要政府、企业和社会各界的共同参与和努力。

数字经济的基础设施是支撑数字经济发展的重要基础。因此,应加快5G、物联网、云计算、大数据等新一代信息技术基础设施建设,提升网络覆盖范围和传输速率,降低数字经济发展的技术门槛。同时,加强网络安全保障,确保数字经济的安全稳定运行。

数字技术创新和应用是推动数字经济发展的核心动力。应加大对数字经济领域科技创新的支持力度,鼓励企业加大研发投入,推动关键核心技术突破和成果转化。同时,推动数字经济与实体经济深度融合,培育新产业、新业态、新模式,提升传统产业数字化水平。

优化数字经济发展环境是保障数字经济健康发展的重要保障。应完善数字经济相关法律法规和政策体系,加强数据资源保护和利用,推动数据共享和开放。同时,加强数字经济监管,防范数字经济风险,维护市场秩序和公平竞争。

数字经济人才是推动数字经济发展的重要支撑。应加强数字经济领域人才培养和引进工作,提高人才素质和创新能力。通过高等教育、职业教育等多种途径培养数字经济人才,同时积极引进海外优秀人才,为我国数字经济发展提供有力的人才保障。

数字经济是全球性的经济形态,需要加强国际合作与交流,共同推动数字经济发展。应积极参与国际数字经济规则制定和治理体系建设,推动数字经济领域国际合作与交流。同时,加强与其他国家的数字经济合作,共同应对数字经济发展中的挑战和问题。

（三）实施路径中的关键问题与解决策略

在数字经济的实施路径中，可能会遇到一些关键问题，如技术瓶颈、数据安全、市场准入等。针对这些问题，需要制定相应的解决策略。

针对技术瓶颈问题，应加大研发投入，鼓励企业自主创新，推动关键核心技术突破。同时，加强产学研用合作，形成技术创新合力，提高数字经济领域的技术创新能力。

数据安全是数字经济发展的重要保障。应建立健全数据安全保护机制，加强数据资源的安全管理和利用。同时，加强数据安全监管和执法力度，打击数据泄露和滥用等违法行为，维护数据安全和市场秩序。

在数字经济领域，市场准入问题是影响竞争和发展的重要因素。应建立健全市场准入机制，降低市场准入门槛，鼓励更多企业参与数字经济发展。同时，加强市场监管和反垄断执法力度，维护公平竞争的市场环境。

三、数字经济发展的重点领域与支持政策

数字经济，作为新时代经济发展的重要引擎，正以其独特的优势和潜力，引领着全球经济的深刻变革。我国作为世界第二大经济体，正积极抢抓数字经济发展机遇，通过明确重点发展领域和制定支持政策，推动数字经济持续健康发展。

（一）数字经济发展的重点领域

数字经济发展的重点领域是指那些具有广阔市场前景、技术创新活跃、对经济社会发展具有重大带动作用的领域。在我国，数字经济的重点发展领域主要包括以下几个方面：

5G 作为新一代通信技术，具有高速率、低时延、大连接等特点，是支撑数字经济发展的关键基础设施。我国正加快 5G 网络建设和应用推广，推

动 5G 与工业、医疗、交通等行业的深度融合，为数字经济发展提供强大的网络支撑。

大数据和云计算是数字经济的重要组成部分，它们能够实现对海量数据的收集、存储、分析和应用，为政府决策、企业运营和社会治理提供有力支持。我国正积极推动大数据和云计算技术的发展和应用，培育壮大相关产业，提升数据资源价值。

人工智能是数字经济的重要驱动力，它能够提升生产效率、优化资源配置、创新商业模式。我国正加大人工智能技术研发和应用力度，推动人工智能与制造业深度融合，打造智能制造新模式，提升制造业智能化水平。

电子商务和数字贸易是数字经济的重要组成部分，它们能够打破时空限制，促进商品和服务的全球流通。我国正积极发展电子商务和数字贸易，推动线上线下融合发展，培育跨境电商等新型贸易方式，拓展数字经济发展空间。

数字内容产业是数字经济的重要分支，包括数字娱乐、数字教育、数字出版等领域。我国正加强数字内容产业的创新和发展，推动优质数字内容的创作和传播，满足人民群众日益增长的精神文化需求。

（二）数字经济发展的支持政策

为了推动数字经济的重点发展领域取得突破性进展，我国政府制定了一系列支持政策，为数字经济发展提供有力保障。

政府通过实施税收优惠政策、加大财政投入等方式，支持数字经济领域的企业研发和创新。同时，对于符合条件的数字经济项目，政府还给予一定的资金扶持和奖励，鼓励企业加大投入、加快发展。

政府加强与金融机构的合作，推动金融机构加大对数字经济领域企业的信贷支持力度。此外，政府还设立数字经济专项投资基金，引导社会资本投向数字经济领域，为数字经济发展提供充足的资金保障。

政府制定数字经济产业发展规划，明确发展目标和重点任务。同时，政府还出台了一系列产业支持政策，如优先发展数字经济核心产业、培育数字经济新业态新模式等，推动数字经济产业健康发展。

政府重视数字经济领域人才的培养和引进工作，加大人才培养力度，提高人才素质。同时，政府还出台了一系列人才引进政策，吸引国内外优秀人才投身数字经济领域，为数字经济发展提供强有力的人才支撑。

政府鼓励数字经济领域的技术创新和应用创新，加大研发投入，推动关键核心技术突破。同时，政府还加强知识产权保护工作，为创新成果的转化和应用提供有力保障。

（三）支持政策的效果与未来展望

随着支持政策的不断落实和深入实施，我国数字经济发展取得了显著成效。数字经济规模持续扩大，占 GDP 比重不断提升；数字经济核心技术不断突破，创新能力显著增强；数字经济与实体经济深度融合，新产业、新业态、新模式不断涌现；数字经济国际合作与交流日益频繁，国际影响力不断提升。

展望未来，我国数字经济发展仍具有广阔空间和巨大潜力。政府将继续加大支持力度，完善政策体系，优化发展环境，推动数字经济持续健康发展。同时，企业和社会各界也应积极参与数字经济发展，共同推动数字经济成为我国经济高质量发展的新引擎。

四、数字经济发展战略与规划的实施效果评估

在信息化、网络化、智能化快速发展的时代背景下，数字经济作为推动经济发展的新引擎，已经成为国家发展的重要战略方向。为了有效推动数字经济的发展，各国纷纷制定了相应的发展战略与规划。然而，仅有战略和规划并不足以确保数字经济的健康发展，还需要对其实施效果进行定期评估，以便及时发现问题、调整策略，确保数字经济能够按照既定目标顺利发展。

（一）数字经济发展战略与规划的实施概况

我国高度重视数字经济的发展，出台了一系列战略规划和政策措施，旨在推动数字经济与实体经济深度融合，加快传统产业数字化转型，培育新兴数字产业，构建具有国际竞争力的数字产业集群。这些战略与规划的实施，为数字经济的发展提供了有力的政策保障和支持。

在实施过程中，政府、企业和社会各界共同努力，推动数字经济在各个领域取得显著进展。基础设施建设不断完善，5G 网络、大数据中心、云计算平台等新型基础设施加快建设，为数字经济发展提供了坚实的基础。数字技术创新和应用不断取得突破，人工智能、区块链、物联网等前沿技术得到广泛应用，为数字经济发展注入了新的动力。数字经济产业规模不断扩大，新兴数字产业不断涌现，传统产业数字化水平不断提升，数字经济在国民经济中的比重逐步提高。

（二）数字经济发展战略与规划的实施效果

对数字经济发展战略与规划的实施效果进行评估，是确保数字经济健康发展的重要环节。评估工作可以从以下几个方面进行：

通过对比实施数字经济发展战略与规划前后的经济增长数据，可以评估数字经济对经济增长的贡献程度。如果数字经济的增长速度明显高于整体经济增长速度，且对 GDP 的贡献率逐年上升，则说明战略与规划的实施取得了显著成效。

数字经济的一个重要目标是推动产业转型升级。因此，评估数字经济发展战略与规划的实施效果时，应重点关注传统产业数字化转型的进展和新兴数字产业的发展情况。如果传统产业通过数字化转型提高了生产效率、降低了成本，且新兴数字产业呈现出快速增长的态势，则说明战略与规划在推动产业转型升级方面取得了积极成果。

数字经济的发展离不开创新能力的支撑。评估数字经济发展战略与规划的实施效果时，应关注数字技术创新和应用的情况。如果数字技术创新成果不断涌现，且在各个领域得到广泛应用，推动了经济发展和社会进步，则说明战略与规划在提升创新能力方面取得了显著成效。

政策环境是影响数字经济发展的重要因素。评估数字经济发展战略与规划的实施效果时，应考察政策环境的优化情况。如果政府出台了一系列支持数字经济发展的政策措施，且这些政策得到了有效执行，为数字经济发展创造了良好的环境，则说明战略与规划在优化政策环境方面取得了积极进展。

（三）存在的问题与挑战

尽管数字经济发展战略与规划的实施取得了显著成效，但在实施过程中仍存在一些问题和挑战：

数字经济发展存在明显的区域差异，一些地区数字经济发展较快，而一些地区则相对滞后。这种不均衡发展可能导致资源分配不均、数字鸿沟扩大等问题，影响数字经济的整体发展。

随着数字经济的快速发展，数据安全与隐私保护问题日益突出。如何确保数据安全、保护个人隐私，成为数字经济发展中亟待解决的问题。

数字经济对人才的需求量大、要求高，但目前我国在数字经济领域的人才储备和培养方面还存在一定差距。这制约了数字经济的进一步发展。

（四）未来展望与建议

针对数字经济发展战略与规划实施中存在的问题和挑战，提出以下建议：

政府应加大对欠发达地区的支持力度，推动数字经济在全国范围内的均衡发展。通过优化资源配置、加强合作与交流等方式，缩小区域发展差距，实现数字经济的全面繁荣。

加强数据安全技术研发和应用，完善数据安全保障体系。同时，加强隐私保护法律法规建设，规范数据收集、使用和共享行为，确保数据安全和个人隐私得到有效保护。

加大对数字经济领域人才的培养和引进力度，提高人才素质和创新能力。通过高等教育、职业教育等多种途径培养数字经济人才，同时积极引进海外优秀人才，为我国数字经济发展提供有力的人才保障。

第三节　创新与科技政策的调整与创新

一、创新驱动发展战略的深化与实施

随着全球经济格局的深刻变革和科技的迅猛发展，创新驱动发展战略已成为推动国家经济持续健康发展的核心动力。我国作为世界第二大经济体，正面临着转型升级的重要时期，深化与实施创新驱动发展战略显得尤为重要。

（一）创新驱动发展战略的内涵与意义

创新驱动发展战略是以创新为核心，通过提高自主创新能力，优化创新环境，培育创新型人才，推动产业升级和经济发展方式转变的战略。这一战略的实施对于提升国家核心竞争力、实现经济可持续发展具有重要意义。

首先，创新驱动发展战略有助于提升国家核心竞争力。在全球经济一体化和知识经济时代，创新已成为国家竞争力的核心要素。通过实施创新驱动发展战略，我们可以加快科技创新步伐，提高自主创新能力，从而在国际竞争中占据有利地位。

其次，创新驱动发展战略有助于实现经济可持续发展。传统的发展模式过度依赖资源消耗和环境破坏，已难以适应新时代的发展需求。创新驱动发展战略通过推动产业升级和经济发展方式转变，实现经济发展与资源环境相协调，为可持续发展提供有力支撑。

（二）创新驱动发展战略的实施现状

近年来，我国在创新驱动发展战略的实施上取得了显著成效。政府加大了对科技创新的投入，出台了一系列政策措施，鼓励企业加大研发力度，推动产学研深度融合。同时，我国还加强了创新型人才的培养和引进，为创新驱动发展战略提供了有力的人才保障。

在科技创新方面，我国取得了一系列重大突破。例如，在人工智能、量子通信、5G 等前沿领域，我国已处于世界领先地位。这些成果的取得，不仅提升了我国的国际影响力，也为经济发展注入了新的动力。

然而，我们也要清醒地看到，我国在创新驱动发展战略的实施过程中仍存在一些问题和挑战。如创新体系尚不完善，创新资源分布不均，创新能力与发达国家相比仍有差距等。这些问题需要我们进一步深化改革，加大创新投入，优化创新环境，以推动创新驱动发展战略的深入实施。

（三）创新驱动发展战略的深化实施路径

为了深化实施创新驱动发展战略，我们需要从以下几个方面入手：

我们需要进一步完善国家创新体系，加强基础研究、应用研究和产业创新的衔接与融合。同时，加大对关键核心技术的攻关力度，提升自主创新能力，打破国外技术垄断，实现关键技术的自主可控。政府应加大对创新的支持力度，制定更加优惠的政策措施，降低创新成本，激发企业和个人的创新活力。同时，加强知识产权保护，维护创新者的合法权益，为创新提供良好的法治环境。

人才是创新的核心要素。我们需要加强创新型人才的培养和引进，建立健全人才激励机制，为创新型人才提供良好的发展平台和成长空间。同时，加强科普教育，提高全民科学素质，为创新驱动发展战略提供广泛的社会基础。

在全球化的背景下，加强国际合作与交流是提升创新能力的重要途径。

我们应积极参与国际科技合作与竞争，学习借鉴国际先进经验和技术，拓展创新空间，提升我国在全球创新网络中的地位和影响力。

二、科技政策的调整与优化

随着科技发展的日新月异和全球经济格局的不断演变，科技政策作为推动科技创新、促进经济社会发展的重要工具，其调整与优化显得尤为重要。科技政策的调整与优化不仅关乎国家科技实力的提升，更直接关系到国家在全球科技竞争中的地位和影响力。

（一）科技政策调整与优化的必要性

随着科技的不断进步和创新，新兴技术如人工智能、大数据、云计算等不断涌现，对经济社会发展产生了深远影响。科技政策的调整与优化需要紧跟科技发展的步伐，及时反映和适应科技发展的新趋势和新要求，为科技创新提供有力的政策保障。当前，国际科技竞争日趋激烈，各国纷纷加大科技投入，争夺科技制高点。我国要在激烈的国际竞争中保持领先地位，就必须不断调整和优化科技政策，提升自主创新能力，增强国家核心竞争力。

科技政策是经济社会发展的重要支撑。通过调整和优化科技政策，可以推动科技创新与经济社会发展的深度融合，促进产业结构优化升级，提高经济发展质量和效益，实现经济社会的可持续发展。

（二）当前科技政策存在的问题

当前，我国科技政策体系还存在一些不完善之处，如政策之间的衔接不够紧密、政策执行力度不够等。这导致一些科技创新项目在实施过程中遇到诸多困难，影响了科技创新的效率和成果。在创新资源配置方面，我国还存在一些不合理之处。一方面，一些地区和领域的创新资源过于集中，导致资源浪费和重复建设；另一方面，一些关键领域和薄弱环节的创新资源投入不足，制约了科技创新的发展。

创新环境是科技创新的重要保障。然而，当前我国的创新环境还存在一些问题，如知识产权保护不力、创新激励机制不完善等。这些问题制约了创新主体的积极性和创造性，影响了科技创新的深入开展。

（三）科技政策调整与优化的策略

要进一步完善科技政策体系，加强政策之间的衔接和协同。通过制定更加科学、合理的政策措施，确保科技创新项目能够顺利实施并取得预期成果。同时，要加强政策执行力度，确保政策能够真正落地生效。

要优化创新资源的配置，根据不同地区和领域的需求进行精准投放。通过加强产学研合作、推动创新要素跨区域流动等方式，实现创新资源的共享和优化利用。同时，要加大对关键领域和薄弱环节的创新资源投入力度，推动科技创新的全面发展。

要营造良好的创新环境，加强知识产权保护力度，完善创新激励机制。通过建立健全科技创新奖励制度、加强科技人才培养和引进等措施，激发创新主体的积极性和创造性。同时，要加强科技创新的宣传和推广工作，提高全社会的创新意识和能力。

（四）科技政策调整与优化的实施路径

政府应加强科技政策的顶层设计，明确政策导向和目标。通过制定长期稳定的科技发展规划和战略，为科技创新提供明确的指导和支持。同时，要加强政策制定的科学性和民主性，广泛征求社会各界的意见和建议，确保政策符合实际需求和发展趋势。

要确保科技政策的有效执行和监管。政府应建立健全政策执行和监管机制，加强对政策执行情况的监督和检查。对于政策执行不力或存在问题的地区和部门，要及时进行整改和问责，确保政策能够真正落地生效。

在科技政策调整与优化的过程中，还应加强国际合作与交流。通过与其他国家和地区开展科技创新合作，共同应对全球性科技挑战，推动全球科技创新的发展。同时，要学习借鉴国际先进经验和技术，不断提升我国科技政策的水平和质量。

三、政府对民营企业创新的支持与激励措施

随着全球经济一体化的加速推进和科技创新的日益深入，民营企业在国家经济发展中的地位愈发重要。民营企业作为创新的主力军，其创新能力直接关系到国家的经济竞争力和可持续发展。因此，政府应加大对民营企业创新的支持与激励力度，为其提供良好的创新环境和政策保障。

（一）资金支持措施

资金是民营企业创新的重要保障。政府应采取多种措施，为民营企业提供资金支持，降低其创新风险。

政府可以设立专门的创新基金，用于支持民营企业的创新活动。这些基金可以通过政府直接拨款、引导社会资本投入等方式筹集资金，为民营企业提供研发经费、贷款担保等支持。政府还应通过税收优惠政策，减轻民营企业的创新负担。例如，对研发支出给予税前加计扣除、对高新技术企业实行低税率等，鼓励民营企业加大创新投入。

政府应加强与金融机构的合作，为民营企业提供多元化的融资支持。通过设立专项贷款、推动股权融资、发展债券市场等方式，满足民营企业不同阶段的资金需求。

（二）政策扶持措施

政府应制定和完善相关政策，为民营企业创新提供有力保障。

政府应构建完善的创新政策体系，包括科技创新、产业创新、管理创新等多个方面。通过制定一系列政策措施，形成对民营企业创新的全方位支持。加强知识产权保护是激励民营企业创新的重要手段。政府应加大对侵权行为的打击力度，提高侵权成本，降低维权成本。同时，加强知识产权宣传普及，

提高民营企业的知识产权保护意识。

政府应简化审批程序，降低市场准入门槛，为民营企业创新提供便利。通过放宽市场准入条件、简化注册流程、优化营商环境等措施，鼓励民营企业积极参与市场竞争和创新活动。

（三）人才培养与引进措施

人才是民营企业创新的核心。政府应采取有效措施，培养和引进创新型人才。

政府应加大对民营企业人才培养的投入，支持企业开展内部培训和外部学习。通过设立人才培养基金、开展职业技能培训等方式，提升民营企业员工的创新能力和素质。政府应制定吸引人才的优惠政策，吸引国内外优秀人才到民营企业工作。通过提供住房补贴、子女教育优惠、个人所得税减免等措施，降低人才的生活成本，提高其工作积极性。

政府应推动民营企业与高校、科研机构的产学研合作，促进创新资源的共享和优势互补。通过搭建合作平台、推动项目对接等方式，加强产学研之间的紧密联系，提高民营企业的创新能力。

（四）创新服务体系建设

政府应完善创新服务体系，为民营企业提供全方位的创新服务。

政府应建立健全创新服务平台，为民营企业提供信息咨询、技术支持、市场推广等服务。通过搭建线上线下服务平台，整合创新资源，提高创新服务的效率和质量。政府应提升公共服务能力，为民营企业创新提供有力支撑。通过加强基础设施建设、优化公共服务流程、提高服务质量等方式，降低民营企业的创新成本，提高其创新效率。政府应倡导创新文化，营造浓厚的创新氛围。通过举办创新大赛、设立创新奖项、宣传创新成果等方式，激发民营企业的创新热情，推动创新成为全社会的共同追求。

四、创新与科技政策对民营企业发展的影响

在当今这个日新月异的时代，创新与科技已经成为推动经济社会发展的重要力量。而民营企业，作为国民经济的重要组成部分，其发展与创新、科技政策的关系密切。

（一）创新对民营企业发展的重要性

创新是民营企业发展的核心驱动力。在激烈的市场竞争中，民营企业要想立足并不断发展壮大，就必须不断进行技术创新、管理创新和市场创新。

首先，技术创新是民营企业提升竞争力的关键。通过研发新技术、新产品，民营企业能够开发出具有市场竞争力的产品，满足消费者日益多样化的需求，从而在市场中占据一席之地。其次，管理创新有助于民营企业提高运营效率。通过优化管理流程、引入先进的管理理念和方法，民营企业能够降低运营成本，提高管理效率，为企业的可持续发展奠定坚实基础。最后，市场创新是民营企业拓展市场份额的重要途径。通过深入研究市场需求，民营企业能够发现新的市场机会，开发出符合市场需求的产品和服务，进而拓展市场份额，实现企业的快速发展。

（二）科技政策对民营企业发展的支持作用

科技政策是国家为推动科技创新而制定的一系列政策措施。这些政策对民营企业的发展起到了重要的支持作用。

首先，科技政策为民营企业提供了资金支持。政府通过设立创新基金、提供税收优惠等方式，为民营企业提供了研发经费、贷款担保等支持，降低了企业的创新风险，提高了其创新积极性。其次，科技政策为民营企业提供了人才支持。政府通过实施人才培养计划、引进海外高层次人才等措施，为民营企业提供了丰富的人才资源。这些人才为企业的创新提供了源源不断的动力，推动了企业的快速发展。再次，科技政策为民营企业提供了技术支持。

政府通过推动产学研合作、建设科技创新平台等方式，为民营企业提供了先进的技术支持。这些技术支持有助于民营企业突破技术瓶颈，提升技术水平，增强市场竞争力。最后，科技政策还为民营企业提供了市场支持。政府通过举办创新大赛、推广创新产品等方式，为民营企业提供了展示自身创新成果的平台，有助于企业拓展市场、提升品牌知名度。

（三）创新与科技政策共同推动民营企业发展

创新与科技政策是相辅相成的，它们共同推动了民营企业的发展。

一方面，创新是科技政策的重要目标。政府制定科技政策的初衷就是为了推动企业的创新活动，提升国家的科技实力。通过实施一系列政策措施，政府为民营企业创造了良好的创新环境，激发了企业的创新活力。另一方面，科技政策为创新提供了有力保障。政府通过提供资金、人才、技术等支持，为民营企业的创新活动提供了坚实的后盾。这些支持使得民营企业能够更加大胆地进行创新尝试，不断提升自身的创新能力和水平。

在创新与科技政策的共同推动下，民营企业得以快速发展壮大。它们不仅在国内市场中取得了显著的成绩，还在国际市场上展现出了强大的竞争力。许多民营企业已经成为行业的领军企业，为国家的经济社会发展做出了重要贡献。

第四节　政府政策对共同富裕目标的支持

一、政府政策在促进就业和增加收入中的作用

就业和收入作为衡量社会经济发展水平的重要指标，不仅关系到个人的生活质量和幸福感，还直接关系到国家的稳定与繁荣。在这个过程中，政府政策发挥着至关重要的作用。

（一）政府政策在促进就业中的作用

政府通过制定宏观经济政策，如财政政策、货币政策等，调控经济增长速度和结构，为就业市场提供稳定的发展环境。在经济增长放缓时，政府可以采取扩张性的财政政策，增加公共投资，刺激经济增长，从而创造更多的就业机会。同时，货币政策也可以通过调整利率、汇率等手段，影响企业融资成本，促进企业发展，间接推动就业。政府通过调整产业结构，鼓励发展新兴产业和劳动密集型产业，有助于扩大就业容量。例如，扶持高新技术产业、绿色产业等，不仅有利于提升国家竞争力，还能创造大量高质量就业岗位。此外，政府还可以通过制定优惠政策，引导企业投资于中西部地区和农村地区，促进区域均衡发展，缩小就业差距。

政府加大对就业培训和教育的投入，提高劳动者的技能水平和就业竞争力，有助于解决结构性失业问题。通过实施职业教育、技能培训等项目，政府可以帮助劳动者适应市场需求，提高就业成功率。同时，政府还可以推动高等教育普及化，提高国民整体素质，为经济社会发展提供人才保障。

（二）政府政策在增加收入中的作用

政府通过调整税收结构、完善社会保障制度等措施，优化收入分配格局，缩小贫富差距。例如，通过提高个人所得税起征点、降低中低收入群体的税负，增加其可支配收入。同时，完善社会保障制度，确保低收入群体基本生活需求得到满足。这些措施有助于提高整体收入水平，促进社会公平。政府通过制定创新创业政策，鼓励和支持个人和企业开展创新创业活动，有助于拓宽收入来源，提高收入水平。例如，设立创业扶持基金、提供创业贷款担保等，降低创业门槛和成本。同时，加强知识产权保护，激发创新活力，为创业者提供更多发展机会。

政府加大对农村地区的投入，推动农村经济发展，提高农民收入水平。通过实施农业补贴、农村基础设施建设等项目，改善农村生产生活条件。同时，加强扶贫工作，确保贫困人口实现脱贫致富。这些措施有助于缩小城乡收入差距，实现共同富裕。

二、政府政策在缩小贫富差距和增进社会和谐中的贡献

在当今社会，贫富差距问题日益凸显，成为影响社会和谐稳定的重要因素。政府作为社会管理和服务的主体，在缩小贫富差距和增进社会和谐方面发挥着至关重要的作用。

（一）政府政策在缩小贫富差距中的贡献

政府通过制定合理的税收政策，对高收入群体进行适当调节，同时，加大对低收入群体的税收减免力度，有助于缩小贫富差距。例如，提高个人所得税起征点、增加对高收入者的税收征管力度等，可以有效减少高收入者的可支配收入。同时，对低收入者实施税收减免政策，增加其可支配收入，从而缩小贫富差距。政府通过完善社会保障制度，为低收入群体提供基本生活保障，减轻其生活压力，有助于缩小贫富差距。社会保障制度包括养老保险、医疗保险、失业保险等，这些制度的完善可以有效保障低收入群体的基本生活需求，减少因贫困而引发的社会问题。

政府通过加大对教育领域的投入，优化教育资源配置，实现教育公平，有助于缩小贫富差距。政府应加强对贫困地区和薄弱学校的支持力度，提高教育质量和水平，让更多的孩子享受到优质的教育资源。这不仅可以提高低收入家庭子女的就业竞争力，还可以为其未来的发展奠定坚实基础，从而逐步缩小贫富差距。

（二）政府政策在增进社会和谐中的贡献

政府通过加大对公共服务的投入，提高公共服务的质量和覆盖范围，有助于增进社会和谐。公共服务包括医疗、教育、文化、体育等多个领域，这些服务的普及与提升可以满足人民群众的基本需求，提高人民的生活水平，

增强社会凝聚力和向心力。政府通过加强法治建设，维护社会公平正义，有助于增进社会和谐。法治建设包括完善法律法规、加强执法力度、保障司法公正等多个方面。通过法治建设，政府可以规范社会秩序，保护人民群众的合法权益，减少社会矛盾和冲突，为社会的和谐稳定提供有力保障。

政府通过加强文化建设，弘扬社会主义核心价值观，提高公民道德素质，有助于增进社会和谐。文化建设包括传承中华优秀传统文化、推广现代文明理念、开展文化活动等多个方面。通过文化建设，政府可以引导人民群众树立正确的价值观，增强社会责任感和使命感，形成积极向上的社会风尚，为社会的和谐稳定营造良好的文化氛围。

（三）面临的挑战与未来发展方向

尽管政府政策在缩小贫富差距和增进社会和谐方面取得了显著成效，但仍面临一些挑战。首先，政策执行力度和效果评估机制需要进一步完善，以确保政策能够真正落地生效。其次，随着经济社会的发展，新的社会问题不断出现，政府需要不断创新政策思路和方法，以适应新形势下的需求。

未来，政府应继续加强政策创新和改革，以更好地应对贫富差距和社会和谐问题。具体而言，可以进一步优化税收结构，加大对高收入者的税收征管力度；完善社会保障制度，提高保障水平；加强教育资源的均衡分配，实现教育公平；推进公共服务均等化，提高人民生活水平；加强法治建设，维护社会公平正义；加强文化建设，弘扬社会主义核心价值观等。通过这些措施的实施，政府可以进一步缩小贫富差距，增进社会和谐，为社会的长期稳定发展奠定坚实基础。

三、政府如何通过政策支持实现共同富裕目标

共同富裕作为社会主义的本质要求，不仅是我国经济社会发展的长期目标，也是广大人民群众的共同期盼。政府作为公共政策的制定者和执行者，在推动共同富裕进程中发挥着至关重要的作用。

（一）政府政策支持在共同富裕中的作用

政府通过制定宏观经济政策，如财政政策、货币政策等，调控经济增长速度和结构，为共同富裕创造有利条件。在经济增长过程中，政府注重调整收入分配结构，确保经济增长成果惠及广大人民群众。同时，政府还通过产业政策、区域政策等手段，引导资源向欠发达地区和弱势群体倾斜，促进区域协调发展和社会公平。

政府通过调整税收结构、完善社会保障制度等措施，优化收入分配格局，缩小贫富差距。一方面，政府通过提高个人所得税起征点、降低中低收入群体的税负等方式，增加其可支配收入；另一方面，政府加大对社会保障的投入力度，提高保障水平，确保低收入群体基本生活需求得到满足。这些措施有助于缩小贫富差距，实现共同富裕。

政府通过加大对教育和就业领域的投入，提高人民群众的教育水平和就业能力，为共同富裕奠定坚实基础。在教育方面，政府推动教育资源均衡分配，提高教育质量，让每个孩子都能享有公平的教育机会。在就业方面，政府加强就业培训和服务，拓宽就业渠道，促进劳动力市场的稳定发展。这些政策的实施有助于提高人民群众的收入水平和生活质量，推动共同富裕目标的实现。

（二）面临的挑战与应对策略

尽管政府制定了一系列政策支持共同富裕，但在执行过程中仍存在一些问题。如政策执行力度不够、监督不到位等，可能导致政策效果打折扣。为应对这些挑战，政府应加强政策执行力度，确保政策落到实处。同时，建立健全政策监督机制，加强对政策执行情况的监督和评估，及时发现问题并加以解决。在推动经济发展的过程中，如何实现经济发展与共同富裕的平衡是一个重要问题。有时为了追求经济增长速度，可能忽视了收入分配和社会公平问题，导致贫富差距扩大。因此，政府应更加注重经济发展的质量和效益，通过优化经济结构、调整产业布局等方式，促进经济可持续发展和共同富裕目标的实现。

随着社会多元化的发展，不同群体的利益诉求和期望值也在发生变化。如何在满足不同群体需求的同时实现共同富裕，是政府面临的一大挑战。为此，政府应加强社会调查和民意收集工作，深入了解不同群体的需求和期望。同时，制定更具针对性的政策措施，满足不同群体的利益诉求，促进社会各阶层的和谐共处和共同发展。

（三）未来发展方向与建议

政府应继续加强政策创新和整合工作，形成更加完善、更加有效的政策支持体系。在创新方面，政府可以借鉴国内外先进经验，结合本国国情和实际情况，制定更具前瞻性和创新性的政策措施；在整合方面，政府应加强各部门之间的协调与配合，形成政策合力，提高政策执行效率。在推动共同富裕的过程中，政府应注重公平与效率的统一。既要通过优化税收结构、完善社会保障制度等方式保障低收入群体的基本生活需求，实现社会公平；又要通过激发市场活力、促进创新创业等方式提高经济效率，推动经济增长。只有在公平与效率的统一中实现共同富裕目标，才能确保社会的长期稳定发展。

政府应加强法治保障和文化建设工作，为共同富裕提供坚实的法治和文化基础。在法治保障方面，政府应完善相关法律法规体系，加强对政策执行情况的监督和评估；在文化建设方面，政府应弘扬社会主义核心价值观，引导人民群众树立正确的价值观和行为准则，为共同富裕的实现营造良好的社会氛围。

参考文献

[1] 郭跃文，丁晋清，张造群. 论共同富裕 [M]. 广州：广东人民出版社，2023.

[2] 郑永年. 共同富裕的中国方案 [M]. 杭州：浙江人民出版社，2022.

[3] 任仲文. 何为共同富裕 [M]. 北京：人民日报出版社，2022.

[4] 韩康，张占斌. 奔向共同富裕 [M]. 北京：民主与建设出版社，2022.

[5] 方世南. 共同富裕苏州行动 [M]. 苏州：苏州大学出版社，2022.

[6] 泽炎. 企业促进共同富裕 [M]. 北京：中央党校出版集团，2022.

[7] 张爱茹. 为了全体人民的共同富裕 [M]. 贵阳：贵州人民出版社，2022.

[8] 张占斌. 共同富裕专家深度解读 [M]. 北京：东方出版社，2022.

[9] 刘素华，谢义亚. 关于共同富裕的答问 [M]. 北京：国家行政学院出版社，2022.

[10] 马建堂. 奋力迈上共同富裕之路 [M]. 北京：中信出版社，2022.

[11] 陶志勇. 共同富裕　理念　目标与推进路径 [M]. 北京：中国工人出版社，2022.

[12] 贾康，苏京春. 共同富裕　先富共富的中国梦 [M]. 广州：广东经济出版社，2022.

[13] 杨涛. 金融创新　助力实现共同富裕 [M]. 北京：人民日报出版社，2022.

[14] 吴志红. "万企帮万村"为了共同富裕 [M]. 北京：中华工商联合出版社，2022.

[15] 何春. 数字经济促进共同富裕的机理分析与优化路径 [M]. 北京：中国经济出版社，2023.